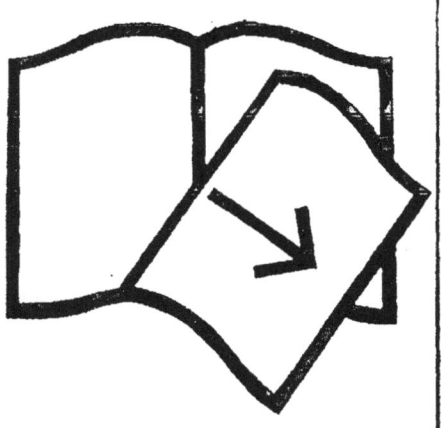

Couverture supérieure manquante

Original en couleur
NF Z 43-120-8

HISTOIRES GAULOISES

ÉMILE COLIN — IMPRIMERIE DE LAGNY

ARMAND SILVESTRE

HISTOIRES
GAULOISES

PARIS
LIBRAIRIE ILLUSTRÉE
8, RUE SAINT-JOSEPH, 8

Tous droits réservés.

PÉPÉ

Si, pour les gens de son quartier, M. Tabouret est un notable commerçant du Marais, un fabricant de cartons heureux qui a fait vite fortune aux dépens de sa clientèle, et, par surcroît, l'époux envié de la jolie madame Tabouret qui fait le maximum aux quêtes de sa paroisse, pour soi-même et *in petto*, M. Tabouret est autre chose dont il est uniquement fier et pour quoi il donnerait toutes ses vertus de négociant et de mari. Poète à ses heures? penserez-vous méchamment tout de suite. Non, quelque chose de plus invraisemblable encore chez un homme qui n'a pas, dans les veines, une seule goutte du sang précieux du Cid, originaire du seul coin des Flandres où les Espagnols n'aient pas daigné reproduire. Je vous le donne en mille. Eh bien ! M. Tabouret est *aficionado*. Oh ! mais un enragé, et qui n'a jamais souffert qu'un taureau sortît vivant de l'arène.

J'en ai connu d'autres qui avaient, juste autant que lui, droit à cette méridionale passion de regarder éventrer des chevaux et tuer solennellement des bêtes déjà mortes. Chez certaines âmes ultra-bourgeoises, c'est une fanfaronnade d'héroïsme sans péril que j'ai souvent rencontrée, une soif lâche de sang répandu sans danger pour soi-même, un vil instinct de cruauté apathique, l'absence absolue de toute révolte contre un combat inégal, une joie immonde de voir le nombre accabler le courage dont les êtres mal doués et mal fichus physiquement sont particuliérement susceptibles. Ce qu'ils aiment dans ce carnage, ce n'est pas ce qu'en aimait Gautier, le soleil se teignant de rubis à ses rouges rosées, l'admirable décor d'un ciel de lapis-lazuli à l'azur foncé, la furie d'un peuple et la beauté de femmes s'enivrant aux vieilles joies originelles, ce qu'a de sacré, même dans ses horreurs, l'amour des antiques coutumes, tout ce qui, pour l'artiste ou le penseur, atténue, glorifie même l'instinctive répulsion pour un spectacle sans générosité et sans grandeur réelle. Non ! c'est le massacre lui-même, et vous les avez vus courir à Roubaix où l'on jetait aux toréadors des morceaux de pain d'épices au lieu d'oranges! Décidément, pas difficiles les *aficionados* du Septentrion!

M. Tabouret passait ses vacances à Saint-Sébastien. Madame Tabouret l'y accompagnait volontiers ; non qu'elle partageât son goût pour la corrida pendant laquelle, merveilleusement impassible dans sa beauté repue de blonde, elle pensait visiblement à autre chose, tout en battant l'air d'un large éventail, mais parce que le capitaine Brisque, de la garnison de Bayonne, était fort assidu près d'elle pendant ce temps : un joli garçon, pas plus bête qu'un autre, sincèrement épris de la copieuse Parisienne et s'étant mis au mieux avec le cartonnier en se montrant plus acharné encore que lui-même pour le trépas des taureaux, bien que rien au monde ne lui fût plus indifférent. Il fallait les entendre discuter les estocades finales, et voir M. Tabouret lui expliquer, son ombrelle grise à la main, comment il s'y serait pris. Comme épouvantée de cette mimique furieuse, madame Tabouret n'en serrait que plus fort le bras complaisant de l'officier. A la suite d'une ces promenades annuelles *tra los montes* (oh! mais si peu!), madame Tabouret, dont le ciel n'avait pas béni l'union jusque-là, avait eu un fils qui a six ans aujourd'hui. Et, tout de suite, M. Tabouret, pleurant de joie, avait baptisé l'enfant : Pépé, en souvenir du célèbre toréador Pépé Sanchez, mort précisément cette année-là, à près de cent ans, incapable de s'asseoir, depuis plus de dix, tant il avait reçu, durant sa glorieuse carrière, de coups de corne dans le cul.

Pépé est d'ailleurs un joli enfant, doux comme une petite fille, aux cheveux dorés, mais d'un or plus pâle, comme ceux de sa mère, et que son père — je parle comme la loi — instruit déjà sournoisement aux joies de la tauromachie, lui apprenant à piquer sa petite canne dans le cou des chiens qui passent, quand toutefois ceux-ci sont solidement muselés. Car la tauromachie est, avant tout, l'art de frapper sans danger et après avoir bien pris toutes ses précautions. C'est ce qui la rend d'un héroïque apprentissage. Pépé commence à mordre aux leçons paternelles. Il n'est pas encore méchant, mais il est déjà lâche à plaisir.

Et le capitaine Brisque? Commandant aujourd'hui, de la dernière promotion, et, de plus, ayant obtenu la garnison de Paris, ce qui a causé une joie sensible au ménage Tabouret, mais pour de différentes raisons. Il est arrivé juste pour distribuer les étrennes à ses amis : à madame Tabouret une copieuse provision de cet exquis chocolat bayonnais dont l'arome est accentué d'un soupçon de cannelle ; à M. Tabouret la paire de banderilles historiques que portait Pépé Sanchez, quand son derrière fut crevé pour la cinquième fois ; à Pépé, à son petit Pépé, qu'il adore, une merveille, alors, un délicieux petit costume de toréador confectionné à Madrid par le tailleur de la cour, tout en soie, tout en or, tout en velours, un chatoiement de moires et de métal. Ah ! je vous jure que quand M. Tabouret vit son fils — je parle toujours comme la loi — sous cet accoutrement exquis, droit dans sa petite veste, largement ceinturé de violet pâle, les cheveux tressés en une petite queue d'or clair qui lui frétillait aux épaules, coiffé d'une vapeur de touffes, chaussé de petits escarpins aux boucles étincelantes, il faillit étouffer d'un orgueil vraiment mal placé. Et de fait, en vertu des charmes inhérents à l'enfance, bien que mis exactement comme les sanguinaires chienlits qui tortillent des hanches dans les cafés, la veille des courses, le petit Pépé est vraiment gentil à croquer et fait justement l'admiration de tous les visiteurs.

Tels, quand les Grecs, avant de se résoudre à verser le sang précieux d'Iphigénie, poussaient au pied rouge des autels, dont la mer répétait au loin le brasier dans un frémissement, des troupeaux entiers dont la chair égorgée montait, en fumées inutiles, vers les dieux, lesdits visiteurs sont arrivés tous ayant sous le bras un petit bœuf en carton, pour que le jeune toréador trouve immédiatement une victime. Mais l'enfant dédaigne ces insensibles proies qui ne saignent, ni ne souffrent, ni ne mugissent sous la douleur. Il aurait honte de plonger sa spada dans ces pâtes veloutées, dans ces torchis élégants. La vérité est qu'aux jeunes cadets de l'école professionnelle de Madrid on accorde des veaux vivants pour leurs premiers assassinats. Mais le veau est cher à Paris, et puis on ne le laisse entrer dans les appartements que sous les pseudonymes de longe, de jarrets, de côtelettes et de pâté. Alors, c'est M. Tabouret qui se sacrifie. C'est lui qui apprend à l'enfant à combattre le taureau sur un ennemi grouillant, animé, rusé, et néanmoins inoffensif, ce qui est le grand point!

Voilà trois jours pleins qu'il ne quitte guère le tapis du salon, lequel il arpente à quatre pattes, en face du jeune Pépé qui lui promène un foulard rouge sous le nez et évite ses coups de crâne. C'est la reproduction exacte du crime, comme la font aujourd'hui les magistrats pour s'amuser un peu. D'entre deux fauteuils dont le rapprochement simule l'entrée du toril, M. Tabouret, appuyé sur les mains et tassé sur les genoux, bondit, s'arrête tout à coup, contemple, étonné, l'assistance composée de madame Tabouret et du commandant qui rient aux larmes, renifle bruyamment, piaffe d'un bras, s'étire à demi les jambes et fonce la tête en avant. Le jeune Pépé, armé d'abord de banderilles — oh ! mais de banderilles qui ne peuvent' faire aucun mal, ayant pour hameçon une simple agrafe qui trouve à s'accrocher sur le col de la redingote — s'en débarrasse comme je viens de l'indiquer. A chacune et avec une conscience absolue, M. Tabouret pousse un petit ronflement de colère et rue, on l'air, de toute l'ardeur de ses pantoufles fleuries. Je vous assure que c'est beau et saisissant. De temps en temps, il met un peu de vraie douleur dans ses grognements pour exciter le petit. D'autres fois, il brandit en l'air des appendices qu'il croit imaginaires, avec une expression de menace farouche et comique à la fois sur son masque de bourgeois malaisé à prendre pour le mufle tragique du taureau.

Non ! ce que madame Tabouret et le commandant Brisque se tordent !

Voyez un peu jusqu'où arrive la suggestion chez les imaginations jeunes ! Dans une de ces passes superbes, le petit Pépé roula à terre, en hurlant. On s'élança vers lui.

— Maman ! Maman ! papa m'a donné un coup de corne !

Et madame Tabouret, avec une conviction désespérée :

— Fichu maladroit ! hurla-t-elle à son mari, pendant que le commandant, très ému, apostrophait, rudement, à son tour, le cartonnier, en lui disant :

— Dites donc, Tabouret ! Il faudrait faire attention !

… CONTE PYRÉNÉEN

CONTE PYRÉNÉEN

Vous le savez, hélas! vous tous qui traversez, en ce moment, notre beau Sud-Ouest montagneux et balnéaire, les trains ne sont pas encore sur le pont de Tarbes et le transbordement des voyageurs se fait en d'immenses omnibus, cependant que leur bagage les suivra ensuite par quelque train indéterminé qu'on ne leur garantit pas. Ce sont mésaventures dont le destin seul est responsable et que prennent avec belle humeur les gens ayant de l'esprit et un bon estomac. C'était le cas de monsieur, de madame Cumollet et de leur compagnon Aristide Fougace, qui effectuaient ce trajet, il y a quelques jours, que j'avais rencontrés la veille à Toulouse et qui faisaient, à trois, une petite excursion bourgeoise sans prétentions scientifiques. M. Cumollet avait, tout d'abord, déclaré, à cette nouvelle, qu'il était heureux de l'occasion pour visiter, au passage, Tarbes qu'il ne connaissait pas. Madame Cumollet et Aristide Fougace, moins bruyamment, avaient savouré, par avance, la joie plus profonde d'un tas de petites familiarités amoureuses que ces petits accidents ne manquent jamais de fournir. Durant que le mari, suivant son programme, allait admirer la belle fontaine monumentale du statuaire Desca, laquelle est une simple merveille, l'épouse et l'ami, serrés l'un contre l'autre, errèrent délicieusement dans les avenues ombreuses qui bordent la gare, en attendant le départ, se caressant de l'épaule et rapprochant leurs bouches, goûtant la plus pure, sinon la plus innocente joie de la vie, quand un grand vacarme mêlé de gémissements et de cris de colère les arracha à leur bonheur en un élan de curiosité.

Un fort beau garçon, ma foi, qu'entouraient quelques compagnons insignifiants et quelques jolies femmes de tournure très parisienne, s'arrachait les cheveux, en maudissant la Destinée, et son entourage ne paraissait guère moins exaspéré que lui contre le sort. Et, vraiment, il y avait de quoi ! C'était une troupe de braves comédiens en tournée qui devait jouer, le soir même, à Cauterets, un spectacle affiché depuis huit jours. Eux-mêmes étaient, comme toujours — oh! les vaillantes gens qu'on n'admire pas assez! — fidèles au rendez-vous, mais décors et costumes n'arriveraient, peut-être, que le surlendemain. Vous jugez du désastre! Aristide et madame Cumollet en pleuraient, eux-mêmes, en se le faisant conter.

— Quoi! Vous n'avez rien! rien! rien de vos accessoires et de vos habits de théâtre? demandait Aristide.

— Si, monsieur, répondit le beau garçon avec une ironie saignante aux lèvres, nous avons une peau d'ours sur son mannequin, parce que nous devions jouer l'*Ours et le Pacha*, un ours magnifique et imité à s'y méprendre!

Madame Cumollet, qui est infidèle, mais très bonne, eut une idée de génie pour tirer, un peu, ces pauvres gens d'embarras.

— Je vous l'achète, fit-elle, puisque vous ne pouvez vous en servir ce soir.

Le marché fut accepté, — les fonds étaient si bas! — et l'immense tardigrade, immédiatement livré, faisant, en effet, illusion complète.

— Vous me l'adresserez, aussitôt que possible, à Saint-Sauveur, où nous allons, sous un nom que l'on vous laisse, et sans en rien dire à personne, fit Aristide, en se frottant les mains. Car il avait aussi son idée.

— Nous ferons, ajouta-t-il tout bas en parlant à madame Cumollet, si tu le veux, une bonne frousse à ton mari.

Et celle-ci éclatait de rire à cette généreuse idée. Car elle était joviale, autant que bonne et infidèle. L'animal, rentré dans une gaine qui le dissimulait, était emporté déjà, quand M. Cumollet revint, enchanté de sa promenade. Un instant après, le train définitif emportait enfin les voyageurs à leur ultime destination.

Saint-Sauveur, avec son unique rue, ses thermes au massif édifice de pierre, son ravin profond et déchiré qui descend jusqu'au torrent, son pont monumental qui se coude violemment au-dessus de l'abîme, son panorama où Luz dévasté ne sourit plus dans la blancheur ensoleillée de ses maisons, ses belles filles aux chevelures sombres et aux yeux pers, ses jeunes miss alanguies aux chevelures d'or pâle, Saint-Sauveur avec ses torrents, sa clientèle paisible qui laisse parler l'innombrable voix de la nature, est, au demeurant, une des retraites les plus délicieuses qu'on puisse rêver pour l'Ame.

Notez qu'on y vient en traversant cette vallée d'Argelès qui semble une large coupe de verdure, aux bords mouillés d'une écume d'émeraude, au fond ciselé d'argent par le caprice sinueux des gaves, un enchantement parmi les enchantements pyrénéens. Trois jours après — hier, parbleu ! — l'ours était arrivé et la bonne farce était décrétée pour hier dans la matinée, pendant la promenade hygiénique. Aristide feindrait une migraine qui le retiendrait à l'hôtel. Madame Cumollet entraînerait son mari vers les hauteurs un peu désertes et sauvages qui avoisinent, et, à un tournant du sentier, le faux ours, cachant dans sa peau Aristide, apparaîtrait, ce qui devait causer une peur folle au pauvre Cumollet.

Gravissant lentement, avec des piques aux mains, la pente abrupte, la pente rapide et qui se dérobait en de continuels écroulements de cailloux, le couple avait atteint l'altitude résolue, et soufflait péniblement, quand, des ombres d'une châtaigneraie pendue au roc, l'ours sortit.

— Vois ! fit madame Cumollet à son mari, en réprimant son envie de rire.

Mais une telle angoisse caponne, un tel désespoir de poltronnerie contractait la figure décomposée subitement du bourgeois, ses genoux fléchirent tellement et son bâton ferré lui tomba des mains en un tel geste de détresse abandonnée, qu'elle craignit qu'il ne mourût de frayeur et eut pitié. Tout bas, elle lui dit :

— Ne crains rien ! c'est Aristide ! Mais ne lui dis pas que je t'ai prévenu !

Le paradis s'ouvrit dans les yeux soudain ranimés de Cumollet. C'est lui maintenant qui allait faire une farce à Aristide en ayant l'air d'être sa dupe! C'était charmant. Et, comme il couvait, au fond du cœur, une rancune, rentrée par la peur, d'un courage dont il avait l'instinct et fuyait la certitude, il éprouva une joie particulièrement bête et lâche à cette facétie retournée.

Cependant, l'ours avançait, debout et dodelinant de la tête — sans plus, s'il vous plaît, car cette bête est mieux apprise que les buveurs de Rabelais — et le contemplant, pendant que Cumollet faisait des gestes de fausse peur, madame, qui savait son histoire de France, murmura : — Il me semble plus grand ainsi !

Sans doute très empreint de son rôle, l'ours s'arrêta à deux pas et sembla réfléchir. Sa pantomime indiquait très nettement qu'il se demandait s'il allait dévorer ces deux intrus ou les traiter en bons compagnons. Il leur souriait de l'œil, puis faisait claquer ses dents blanches.

— Va ! va ! Mâtin, pensait Cumollet, en continuant son jeu, si tu savais ce que je me fiche de toi !

Et il lui jeta sa canne d'un air de défi. L'ours la prit, la passa derrière ses épaules velues et commença à danser en tournant, pendant que la ménage s'esclaffait et que Cumollet, n'y tenant plus, criait : « Bravo, Aristide! »

Puis l'ours prit le chapeau du bourgeois entre ses crocs effilés et demanda des sous.

— Ça, non! fit Cumollet; tiens! voilà pour toi!

Et il lui flanqua son pied au derrière. Mais un grognement si formidable, si tonitruant, si vraiment sauvage sortit de la gueule rouge et écumante de la bête que madame Cumollet, et son mari poussèrent, en même temps, un cri d'effroi qui mourut dans leur gorge étranglée.

— Ah! mon Dieu! reprit la femme éperdue. Ce n'était pas lui!

Un autre ours, plus petit, en effet, et ayant bien, celui-là, la démarche d'Aristide, débusquait au tournant du sentier avec un air guilleret. Mais, quand il aperçut son collègue qui se retournait brusquement, les pattes fiévreusement tendues en avant, avec un rictus menaçant aux babines, Aristide, — car c'était bien lui, qui arrivait en retard, — poussa un gémissement de désespoir et se laissa tomber, les mains jointes sous leurs gants hirsutes, à genoux, en demandant grâce à son ennemi. Mais le premier venu, furieux sans doute de la concurrence déloyale, marchait vers lui, s'ouvrant comme une pince vivante qui l'allait broyer dans un effroyable embrassement. Déjà M. et madame Cumollet, éperdus, croyaient entendre craquer les os de leur ami sous cette étreinte mortelle, quand un coup de feu retentit et le monstre, frappé d'une balle en plein cœur, s'effondrait bruyamment et se roulait agonisant dans l'herbe, cependant que mon ami Dat, le grand chasseur d'izards, poussait un large cri de victoire. Sa victime était, en effet, un véritable ours, un ancien ours savant appartenant à des bohémiens, qui avait rompu sa chaîne et vivait, depuis ce temps, copieusement de côtelettes vivantes aux dépens des bergers. Dat fut porté en triomphe par les gars du pays. Mais le pauvre Aristide avait, paraît-il, été si ridicule dans cette aventure, que madame Cumollet n'en veut plus entendre parler. On assure, dans le pays, qu'elle voudrait bien prouver son admiration à mon ami Dat, le chasseur d'izards. Mais Dat a le cœur d'Hippolyte ou l'amour de quelque Aricie méconnue, et je crains bien que la nouvelle Phèdre n'en soit pour ses frais.

L'ACCIDENT

L'ACCIDENT

Nous étions montés, ce jour-là, jusqu'à Gavarnie, mes nouveaux amis de voyage et moi — car rien ne lie plus rapidement et plus fragilement que la vie d'hôtellerie, — le commandant Ribolet et sa femme, la jolie mistress Ophélie Crampton, et l'abbé Bidache, du clergé de Saint-Sernin, à Toulouse. De Gèdre au Cirque, dont les derniers gradins sont de neige et dont la muraille est déchirée d'une cassure d'argent par une chute d'eau, ces dames et l'abbé avaient fait la route à dos d'ânes pelés que des gamins piquaient avec des badines, le commandant et moi à pied, lui par dédain de ce genre de monture, et moi pour cueillir, à l'intention de la jolie mistress Ophélie, un bouquet de ces iris sauvages qui croissent au bord des abîmes et semblent des gemmes végétales, taillées en triple fer de lance, tant est vif, et comme coupant aux yeux, l'éclat sans velours de leurs couleurs. Le commandant avait maugréé sur la chaleur en arrivant ; madame Ribolet s'était frictionnée où le bât l'avait blessée ; l'abbé Bidache avait débité quelques homéliques compliments à l'endroit de la toute-puissance divine ; la jolie Anglaise m'avait remercié de mes fleurs de toute la longueur bleue de son regard ; puis, ayant tourné celui-ci vers la chute d'eau, elle avait exprimé le regret qu'une force motrice aussi imposante restât inutile à l'industrie. Moi, j'avais soupiré le : *O que los mountagne!* du berger pyrénéen qui voudrait que la montagne s'abaissât pour lui laisser voir sa bien-aimée. Et, après avoir tous exprimé ainsi, chacun à sa façon, notre admiration pour les spectacles sublimes de la nature, nous étions redescendus à Saint-Sauveur, alors en espalier dans la lumière déclinante, semblant porter des fruits de feu aux vitres incendiées par le couchant, de ses maisons blanches ayant comme des crêtes roses aux ardoises de leurs toits. Mon ami Pinta nous avait versé ses meilleurs vins, et deux sourires exquis, aux dents très blanches, nous avaient suivis longuement, une fois sa porte hospitalière franchie ; tout doucement la nuit était venue, et de grandes ombres, que la lune ne découpait pas nettement encore, s'étaient couchées sur le chemin, les étoiles ne laissant filtrer du ciel qu'une vague lumière, comme une poussière d'argent qui flottait dans le vent très doux.

Nous avions repris, dans le large landau aux draps râpés, nos places du matin : l'abbé au fond avec la commandante, grassouillets et confortables à ravir tous les deux, avec leurs doigts potelés ramenés et croisés sur leurs ventres mamelonnants ; sur le devant, M. Ribolet, en face de l'abbé, et la belle insulaire les genoux enserrés dans ceux de la commandante. Moi, suivant mon habitude, j'étais monté sur le siège à côté du cocher, nulle place ne me semblant meilleure pour jouir du paysage et en savourer, même dans la nuit, les impressions obscures. Malgré les cinquante kilomètres qu'ils portaient aux jambes déjà, à leurs jambes grêles comme celles de grands chamois, les chevaux, grisés d'avoine, trottaient vigoureusement la descente, tendus sous les quadruples guides, quelquefois secoués par une légère envolée du long fouet, par instant se cabrant à l'approche d'un troupeau de moutons aux clochettes sonores qui regagnaient la montagne, tout cela sur une route taillée en plein roc, bordée d'un continuel précipice avec un gave roulant au fond, et de brusques lacets où la voiture penchée se lançait, au mépris des brusques surprises que gardent les tournants. Mais on ne rencontre guère, sur ce chemin et à cette heure, que des muletiers espagnols aux bêtes chargées de raisin, silencieuses sous leurs harnais aux plaques de cuivre, animaux avisés qui tiennent peu de place et ont bientôt fait de se garer. Et puis, ces cochers pyrénéens des villégiatures montagnardes sont merveilleusement adroits, et je ne vois que les conducteurs des troïkas, à Moscou, qui leur puissent être comparés pour l'audace et la sûreté tout ensemble.

Celui que j'avais pour voisin était un gas superbe, à l'encontre des naturels du pays qui sont généralement de petite taille et de médiocre stature ; les traits réguliers et énergiques, la bouche fine sous une moustache légère, il donnait plutôt l'impression d'un compagnon du pays basque. A l'aller, il avais été parfaitement silencieux, et je lui en avais su gré, le choix que je fais du siège de la voiture ayant aussi pour but d'échapper aux conversations insipides de mes co-excursionnistes, et de pouvoir regarder et rêver en chemin. Tout à fait exempt du sourire obséquieux de ses pareils, il avait paru, lui aussi, apprécier ma discrétion. Son regard sombre ne quittait guère le cou de ses chevaux qu'il encourageait de vagues et rapides interjections, aux rudes montées. J'avais été frappé de cette flamme devinable sous la cendre qui enténébrait ses yeux creux que battaient de longs cils. L'image de son visage mâle, avec une expression de souffrance, m'était revenue plusieurs fois à la mémoire dans la journée et sur le chemin sauvagement fleuri d'iris de Gavarnie. Chose étonnante, c'était moi qui, maintenant, au retour, dans cette nuit étoilée, propice aux confidences, ressentais une vague curiosité de causer avec lui. N'y tenant plus, je bravai l'humiliation de rompre, le premier, le silence.

— Les filles sont belles, dans le pays ! lui dis-je, entamant le premier sujet de conversation qui me venait à l'idée.

— Oui, belles ! Il y en a du moins ! me répondit-il d'une voix creuse.

Puis, il se tut. C'était une confession insuffisante, et je repris :

— Elles ont l'air, d'ailleurs, d'être avenantes et douces.

— Ça, parlons-en, répliqua-t-il vivement avec un mauvais sourire aux lèvres et un haussement léger d'épaules. Oui, douces ! très douces !...

Et, comme si une muette colère lui tremblait aux mains, il cingla, à tort et à travers, ses chevaux qui ruôront en s'échevelant au tournant le plus subit de la route.

— Oïe! Oïe! fit M. l'abbé en dénouant ses mains de dessus sa soutane, mon ami, vous allez nous verser!

Mais le beau gars ne prit pas garde et se mit à tenailler furieusement les mâchoires de ses bêtes en les excitant.

— Il y en a donc une qui vous a fait bien du mal? lui demandai-je à brûle-pourpoint.

— Oh! oui! fit-il entre ses dents serrées, bien du mal.

— Elle est donc bien jolie?

— Il n'y en a pas de plus belle de Bigorre à Lourdes et à Argelès, mais il n'y en a pas de plus méchante non plus. Ah! tenez, monsieur, ne m'en parlez pas, je ferais un malheur.

Et il y avait une menace si poignante dans son accent, que je n'eus pas le courage de continuer mon interrogatoire. Je jetai un regard par derrière sur mes compagnons. L'abbé s'était rendormi, délicieusement béat; madame Ribolet lui battait la cloche sur l'épaule de sa tête dodelinante. Je pouvais moins bien voir les deux autres, mais je les entendais fort bien. Le commandant faisait une cour considérable à la jolie mistress Ophélie Crampton, qui lui demandait des conseils sur la façon de placer, au mieux, de l'argent qu'elle n'avait pas encore, mais qu'elle attendait sous peu. Celui du benoît et naïf commandant, sans doute ! Cette inspection faite, je relevai le collet de mon paletot, car il faisait presque froid sous les roches humides surplombant la route, et me renfrognai sous mon chapeau de feutre. Nous étions à mi-chemin de Pierrefite à peu près...

Cette fois, c'était cet étrange cocher qui parlait, sans attendre que je l'interrogeasse, et de quel ton désespéré !

— Ah ! la coquine ! monsieur, me disait-il. La coquine ! Pour elle, j'aurais assassiné mon père et ma mère, que j'aime pourtant bien ! Elle vous a des yeux noirs qui vous retournent l'âme, et une bouche qui vous met du feu aux lèvres ! Car elle me l'a donnée, sa bouche !... Oui ! un soir, là, sur la route, dans une saulaie, aux pieds des ruines de Bausseins. Il y avait encore plus d'étoiles que cette nuit. Et je la croyais mienne, et je lui avais donné mon anneau béni à Bétharam. Et elle m'avait dit : « A demain ! » en me serrant si fort les bras dans ses beaux bras, à elle, que l'étreinte m'en est restée aux moelles. Ah ! demain ! je t'en fiche, demain !... c'est comme si elle ne m'avait jamais connu ! elle m'a ri au nez, quand j'ai voulu lui rappeler... Ah ! j'aurais mieux aimé qu'elle me mordît au cœur, avec ses dents qui riaient! j'en serais mort tout de suite ! Ah ! la canaille ! la canaille !

Je n'avais pas le temps de placer un mot. Je vous jure que cet homme me disait, sur les tortures de l'amour, des choses que je n'avais jamais entendues et qui me faisaient saigner au cœur, moi-même, de toutes les blessures de mon propre souvenir, d'une éloquence et d'un désespoir...

— Décidément, s'écria-t-il, mieux vaut rouler au fond du gouffre que de souffrir ça !

Et, debout sur son siège, je le vis tirer violemment les quadruples rênes dans le sens du précipice effroyable que nous côtoyions. Sous une effroyable cinglée, les quatre chevaux se mirent debout, escaladant le mince parapet de pierre, les deux premiers disparaissant déjà devant le timon brisé... L'angoisse fut si forte, que je poussai un cri qui me réveilla moi-même. Car cette seconde partie du récit de l'homme, je l'avais simplement rêvée, m'étant assoupi à mi-chemin de Pierrefite, dans la double chaleur de mon feutre et de mon collet. Le cocher était toujours à côté de moi, toujours sombre, mais conduisant avec une correction impassible. L'abbé avait remis ses mains sur son ventre ; madame Ribolet renversait sa tête en arrière. La belle Anglaise remerciait le commandant.

HYMENÉE

HYMÉNÉE

Il y avait quatre jours, déjà, qu'en notre commun hôtel, à Argelès, nous avions, mon ami Benedict et moi, pour voisins de table M. Crichton et sa fille, miss Nelly, qui est, ma foi, une des plus jolies Anglaises que j'aie vues, blonde et blanche comme il convient, avec des tons d'églantine aux joues et comme une poussière d'étamine de lys dans les cheveux, des dents éblouissantes et petites encore, et beaucoup de pudeur feinte dans son petit air garçonnier. Lui, M. Crichton, un bon chauve à la barbe grisonnante plantée au-dessous du menton comme celle de nos aïeux les orangs-outangs. Je n'aime les Anglais nulle part, mais surtout en voyage. Mon ami Benedict, lui, outre qu'il pense sagement que la Beauté n'a pas de nationalité, ne peut en dire autant de mal que moi. Hessois d'origine, son père, qui habitait la France depuis longtemps et l'aimait, avait adopté la nationalité britannique après la dernière guerre, ne voulant ni demeurer Allemand, ni appartenir à une nation directement ennemie de la sienne. Benedict se trouve donc, par le fait, et un peu par sa négligence, — car je ne connais pas de meilleur Français par le cœur, — sujet de la Très Gracieuse Majesté dont le jubilé vient de nous valoir une si suggestive collection de portraits. Plus jeune et plus entreprenant que moi, il était, pour miss Nelly, plein de prévenances aimables, n'avait pas négligé de lui apprendre qu'il était son compatriote, et offrait ses meilleurs cigares à M. Crichton, pour se mettre au mieux avec le couple voyageur. — « Prends garde ! lui disais-je quelquefois. Les Anglais voyagent souvent pour marier leurs filles, et leur fortune est souvent problématique. » Alors, il souriait d'un air confiant en soi-même, convaincu qu'il était qu'il avait conservé, du sang germanique, toute la prudence et la possession de soi-même. — « Sois tranquille, me répondait-il, on ne me pince pas comme ça ! » Et j'excusais son goût, jusque-là réservé d'ailleurs, pour le flirtage avec une assez jolie créature ; car, de la Femme, ce que nos aïeux appelaient « les menus suffraiges » est déjà une faveur considérable du Destin.

Ce jour-là, Benedict, qui sait mes habitudes matinales, entra dans ma chambre de meilleure heure que de coutume : « Il faut, me dit-il sans autre préambule, que tu nous conduises tout à l'heure, les Crichton et moi, à Saint-Savin. Miss Nelly veut absolument voir cette curiosité du pays ; elle est excellente marcheuse et se fait une joie d'accomplir cette promenade à pied. » Or, je n'ai jamais refusé à quiconque, quand je suis à Argelès, un pèlerinage à Saint-Savin.

Il y a belle lurette déjà que je fis connaissance avec cette merveille, conduit par le bon peintre Louis de Capdevielle, qui se laisse trop oublier à Paris mais qui y figurera au Salon prochain avec une figure de femme, élégamment gitane, que j'ai vue fort avancée et qui fera sensation — quelle joie pour Bonnat, son maître ! — Capdevielle, le plus admirable cicerone qu'il soit dans un pays dont il connaît chaque caillou et dont l'amour lui a coûté la gloire. On parvient à Saint-Savin par trois kilomètres d'un chemin assez ardu dans la montagne, mais bordé, dans le bas, par une châtaigneraie en pente, qui donne l'impression d'une forêt suspendue dominant la route de Pierrefite, et, plus loin, le ruban d'argent brisé du gave qui serpente, parmi des dentelles de verdure, au fond de la vallée. Au bout de ce pittoresque chemin, une large place rectangulaire, avec des maisons surplombant la voie de leurs terrasses soutenues par des pilastres de bois grossier, coiffées d'ardoise presque noire, crépies en jaune sale, avec une fontaine au milieu, puis une sortie à gauche, menant à un point de vue d'où apparaît, tout entier, ce beau développement de montagnes circulaires qui donne l'aspect d'une coupe immense aux larges bords où s'effiloche comme une écume d'émeraude et d'or. Rien ne ressemble davantage que cette place à une place de petite ville espagnole. Quant aux habitants du village, ils ont gardé comme une saveur de terroir. A la fête patronale de Saint-Savin, qui a lieu le 15 août, les femmes se livrent encore au beau jeu antique de la cruche, dansant en promenant sur leur tête un vase d'argile plein dont elles ne doivent pas laisser choir une goutte d'eau, motif chorégraphique à mouvements d'une grâce et d'une volupté chaste infinies. On y voit aussi, exécutant des pas rythmés remontant, disent les érudits de la contrée, à Charlemagne, de superbes et jeunes bergers, rappelant par la familiarité réciproque ceux de Théocrite, qui descendent exprès de la montagne où ils restent une partie de l'année, vêtus de blanc et chantant en chœur des mélopées d'un caractère étonnant. Mais la gloire de Saint-Savin, c'est son église du douzième siècle, très bien conservée, avec un clocher à deux collets et pointu comme un gigantesque entonnoir, admirable échantillon d'architecture religieuse et militaire, car le temple émerge d'une façon de citadelle dont des renforts de pierre soutiennent encore les tours massives. Vous connaissez l'histoire charmante d'Ampère qui, ayant une chatte qu'il adorait, avait fait découper une chattière dans la porte de son cabinet de travail pour que sa bête favorite y pût pénétrer sans le déranger. Un jour, Arago, en lui venant faire visite, aperçut avec stupéfaction, à côté de cette première ouverture, une autre ouverture beaucoup plus petite, de déchirure récente, dans le bois. — Pourquoi ce nouveau trou plus petit que l'autre? demanda-t-il à son ami. Ampère lui répondit avec un sérieux plein d'innocence : — Mais parce que, maintenant, ma chatte a un petit. Cette anecdote de mon ancienne érudition scientifique me revient toujours en mémoire quand j'entre dans l'église de Saint-Savin. Auprès de la porte principale, aux sculptures presque intactes, on voit, en effet, la trace d'une entrée plus petite creusée dans l'épaisseur invraisemblable de la pierre. Une fois ce porche franchi, on aperçoit, dans l'axe de cette entrée minuscule, un bénitier très bas où un enfant seul pourrait puiser commodément. Eh bien ! cette petite partie de l'édifice, ayant son issue à part, était destinée aux nains, qui sont encore nombreux dans le pays, très difformes et monstrueux, et qu'on appelait les *cagots*, un respect très sage pour l'œuvre de Dieu interdisant le reste du temple à ces embryons d'humanité, et repoussant cette image de la laideur de la sainteté du sanctuaire. Autre curiosité, qui s'étale circulairement aux murs, derrière le maître-autel : la vie entière de saint Savin, en images du temps malheureusement tachées de quelques tons incongrus par de stupides retouches. En de très naïfs tableaux, on y voit le bienheureux renonçant au comté d'Aquitaine pour entrer dans un couvent, après avoir rempli le pays de miracles. Ses restes reposent encore sous un autel d'ordre roman plein de caractère. Mais ce qui donne à l'intérieur de cette église, absolument identique à celle d'Aix-la-Chapelle où dort Charlemagne, comme structure, je ne sais quoi de tragique et d'imposant, c'est un orgue, foudroyé il y a trois cents ans, et qui demeure accroché à la muraille, comme une immense araignée, un orgue espagnol aux tuyaux tordus, polychrome, et avec trois têtes monstrueuses, en bas, dont les mâchoires de bois obéissaient au mouvement des pédales, comme si le son sortait d'une bouche, effroyable débris d'un art barbare et ingénieux à la fois, toujours coloriste, même dans sa sculpture.

... Notre ascension s'était accomplie sous un ciel lourd, aux menaces croissantes, des langues de vapeurs, de plus en plus basses et de plus en plus sombres, léchant la montagne, à peine au-dessus de nous des grondements encore indistincts faisant une basse au cliquetis des branches où passait le vent plus fort. Cela n'empêchait pas M. Crichton de prendre des instantanés tout le long du chemin, ni mon ami Benedict de savourer délicieusement le poids exquis du bras de miss Nelly posé sur le sien. Mais, quand nous contournâmes, au sommet de la colline, les restes féodaux de l'ancienne forteresse, de larges gouttes de pluie commencèrent à tacher la route, jusque-là poudreuse, et, sans avoir le temps de contempler la jolie place comme elle le mérite, nous dûmes nous réfugier immédiatement dans l'église pour fuir le tonnerre et l'ondée.

Un instant après, l'orage éclatait avec une véritable fureur. Par les vitres brisées de l'église et la porte de la sacristie demeurée ouverte, un engouffrement terrible d'air véhément s'y déchaîna, secouant, à la muraille, même le vieux christ de bois peint aux pieds croisés l'un sur l'autre et figés dans un même ruisseau de sang. Et, dans la demi-obscurité que déchiraient seuls les éclairs, dans ce tumulte des choses, j'eus une vision dont je n'ai pas encore chassé la terreur. L'orgue foudroyé, reconnaissant le maître musicien qui y avait, le dernier, posé ses doigts lourds et enflammés, se remit à gémir une diabolique antienne de toute l'haleine de ses tuyaux bossués, et les mâchoires des têtes de bois se reprirent à claquer comme de larges castagnettes. Derrière le chœur, les figures s'animèrent et, très distinctement, je vis saint Savin repousser de nouveau la couronne d'Aquitaine et j'entendis pleurer sa mère en le quittant aux portes du monastère. Et de petites voix stridentes trouant l'ample mélodie du tonnerre, du côté où l'église s'aplatit pour ses paroissiens de petite taille, je crus entendre une révolte des *cagots* réclamant, comme une conquête du temps nouveau, leur droit à la difformité et à la laideur. Mes yeux s'étant un instant fermés sur cette rapide obsession et ce monstrueux rêve, j'aperçus, quand je les rouvris, miss Nelly qui, folle de peur, s'était réfugiée dans les bras de Benedict, qui, non content de l'y presser, l'y enveloppant comme un enfant, lui couvrait de baisors la nuque, aux jolis tons d'ombre et de nacre, pour la rassurer tout à fait, cependant que M. Crichton, pas du tout furieux, prenait, avec grand soin, un instantané de ce touchant tableau. Après quoi, l'excellent gentleman, tendant la main à Benedict, devenu subitement soucieux : « A quand la noce, mon gendre? » lui demanda-t-il, tandis que miss Nelly pleurait d'attendrissement et de joie.

PANTALON VOLANT

PANTALON VOLANT

Et madame la préfète, qui s'ennuyait fort dans sa préfecture, avait fait un rêve.

A l'occasion du concours d'orphéons qui, dimanche dernier, saint jour de la Pentecôte, a rempli, de sa musique joyeuse, le chef-lieu du plus beau des arrondissements confiés à l'ineffable Laripète, l'aéronaute Francastor était venu quérir, au siège même de l'administration départementale, l'autorisation d'enlever sur la place publique, à trois heures de relevée, un aérostat avec nacelle et passagers. C'était un homme superbe, d'allure énergique, et qui fit sur madame la préfète à sa fenêtre, quand il sortit des bureaux muni des papiers précieux, une impression quasi foudroyante.

Et le rêve, obscur encore, qui trompait son ennui, prit une forme plus nette.

S'aimer dans l'immensité constellée, sous le regard attendri des premières étoiles, avec la complicité majestueuse de Sirius et de la Grande Ourse, sous la caresse argentée des voies lactées, en plein azur frémissant, par delà les tiédeurs affadissantes des haleines humaines, l'infini pour horizon et les nuages ailés pour guides, emportés par le même souffle vers le même mystère, dans le même rayon obscur montant de l'ombre vers la lumière ! Mêler des baisers fous aux brises qui, dans les jardins célestes, n'ont rencontré de fleurs que les astres ; connaître à deux l'heure délicieuse où

> Au verger du ciel, sous les pleurs
> Du soir, des grappes de lumière
> S'élèvent pareilles aux fleurs
> Tremblantes des roses trémières !

sentir passer, dans ses cheveux, le souffle du dieu Pan s'enfuyant de la terre, et savourer la langueur mortelle des caresses dans le silence fait du rythme amorti des cœurs ! Et vagabonder sur cette route aux bornes d'or qu'aucun pas mortel n'a profanée ! Goûter le péril partagé ; effleurer, perdus dans l'espace, le seuil même de la mort sur les ailes doublées de la vie !... Voilà le poétique *desideratum* que madame Laripète

avait conçu, caché et fomenté dans son esprit
désœuvré, à la vue de ce petit-fils d'Icare, à qui
son mari venait d'octroyer la permisssion d'em-
mener un voyageur ou deux dans son hasardeux
voyage au pays des planètes embrasées. D'abord,
ce Francastor prodigieux qui se vantait de
diriger, dans une certaine mesure, sa barque
aérienne, n'en emmènerait qu'un et, ce passager,
ce serait elle ! Comment réaliser cette fantaisie ?
Un simple mensonge y pourvoirait ; et ce ne serait pas le premier de sa longue carrière conjugale. Une dépêche l'appellerait à Paris, auprès
d'une parente malade, d'une parente à héritage,
de celles qu'un époux sensé ne permet pas de
négliger à leurs derniers instants, et cela la veille
même de l'ascension publique projetée. En
catimini, au lieu de ladite ascension, elle revien-
drait en un masculin costume qui la rendrait
méconnaissable. Depuis la merveilleuse invasion
de la bicyclette dans nos mœurs, ce n'est plus
rien pour une femme du monde de se déguiser
en garçon et de marcher, comme un lieutenant de
zouaves, les deux mains dans sa culotte !
M. Francastor, prévenu, et extrêmement flatté
d'une conquête dans un monde qui n'était pas
précisément le sien, se prêterait, avec enthousiasme, à cette petite comédie.

Et il s'y prêta, en effet, avec une bonne grâce

infinie. Tandis que notre bon Laripète, en belle tenue préfectorale, sur une estrade où l'on étouffait, attachait, lui-même, les médailles aux bannières de velours azuré des orphéonistes, au mot fatidique : Lâchez tout ! le ballon qui allait promener, par delà les nuées surprises, son honneur en péril, majestueux s'enleva, cependant que M. Francastor, debout dans la nacelle où madame Laripète, un peu émue toutefois dans son accoutrement d'éphèbe à la mode, s'était assise, faisait pirouetter dans l'air son képi triplement galonné d'or, et agitait les plis tricolores d'un drapeau. Dans la poussière d'azur très pâle d'un jour très chaud, l'aérostat, que suivirent longtemps encore les regards de la foule, ne fut plus bientôt qu'une grande virgule noire sur la page à peine bleue du ciel ; un souffle très doux l'emportait sans balancement apparent, hésitant quelquefois à le diriger ici ou là, tant l'atmosphère était calme en ces sérénités, où d'ailleurs elle se raréfie au point de n'avoir plus que d'insensibles tressaillements. Et la terre n'était plus, pour les deux nautoniers aériens, qu'un nuage aux contours moins estampés que ceux des autres nuages et dont les premières rougeurs du soleil déclinant caressaient d'une vapeur de sang pâle, comme celui qui circule aux veines dans la transparence des chairs très éclaircies, la courbe circulaire à peine. Et ce que fut, dans son accomplissement, le rêve ainsi réalisé de madame la préfète, j'aime mieux vous le laisser deviner que de vous le dire, convaincu que tous les amoureux fervents ont aussi poursuivi, de leurs désirs, cette vision de solitude à deux, dans les infinis silencieux de l'immensité, plus haut que les bruits imbéciles de la terre et que les vilenies importunes de l'Humanité.

Cependant, le couchant semblait plonger dans des pourpres plus sombres, et l'heure approchait que Baudelaire a si bien décrite en ce vers admirable :

Le soleil s'est noyé dans son sang qui se fige.

Avaient-ils été vraiment si près des cieux que la puérile tentation de la terre leur fût revenue, avant que les premières étoiles eussent égratigné d'argent la surface polie du ciel plus foncé ? Toujours est-il que, volontairement, ils redescendirent, lentement, des hauteurs explorées où se rafraîchissaient les larges brises semblant souffler à la fois des quatre points cardinaux. Le paysage qu'ils dominaient reprit graduellement des reliefs définis, et les forêts y apparurent comme de gigantesques mousses, les fleuves y traînant des fils d'argent et les maisons des villes escaladant leurs blancheurs autour des clochers, droits comme des bergers au milieu de leurs moutons, et semblant des troupeaux immobiles. On pouvait maintenant choisir un site pour atterrir sans danger, dans quelque verte prairie, à proximité de bouquets d'arbres, loin de la curiosité importune des foules! Francastor était vraiment habile dans son état de capitaine et il distingua bientôt l'endroit rêvé, très voisin de leur point de départ, ce qui simplifierait beaucoup les cérémonies du retour. Il ouvrit la soupape et s'y dirigea, en profitant du caprice du vent, avec une sûreté remarquable. C'était positivement un coin délicieux. Un clair de lune naissant y faisait presque déjà l'illusion du jour, mais d'un jour mélancolique d'automne sous la blancheur transparente des rideaux, et une jolie petite rivière y promenait, entre le hérissement de ses roseaux, de longues coulées d'argent fluide. On descendait ferme, et le harpon allait se planter au bord quand un grouillement terrible se fit sous la saulaie, en même temps que l'ancre s'embarrassait en de vagues étoffes posées sur la berge.

— Pas là! Pas là! s'écria vivement madame la préfète, d'une voix étranglée par une subite émotion.

Un sac de lest s'aplatit lourdement sur une forme qui hurla. Vite on ramenait l'ancre et, avec stupeur, on découvrait, flottant, à son monstrueux hameçon, un pantalon à large bande d'argent, le pantalon préfectoral des grandes solennités ! Ce sacré Laripète n'avait-il pas imaginé de se venir baigner, en attendant le banquet officiel, dans cette jolie rivière pour y laisser la poussière de la distribution des médailles ! Ces hasards-là sont fréquents.

Avant lui, madame la préfète, sûre de ne pas avoir été reconnue, avait regagné le chef-lieu et la préfecture. D'ailleurs, son plan de défense, en cas d'alerte, était conçu déjà, et le pantalon ainsi pêché, merveilleusement brossé et comme tout prêt à être mis, s'étalait au pied du lit de Laripète, quand celui-ci rentra enfin, très moulu, avec une très mauvaise affaire sur les bras, et, sur le derrière, une culotte que lui avait prêtée un garde champêtre. Cité en justice, lui préfet, par des Anglais qui l'accusaient d'attentat à la pudeur, il faillit tomber à la renverse en apercevant son haut de-chausse en place.

— Vous aviez donc la tête à l'envers, mon ami, que vous êtes parti sans votre pantalon ! lui dit avec un grand sang-froid madame Laripète, en tenue de femme qui revient de Paris à l'instant.

L'accusation stupide des Anglais tombait du coup. M. le préfet avait eu une distraction, voilà tout ! Le respect populaire avait empêché qu'on s'en aperçût plus tôt. Ainsi tout finit bien dans cette hasardeuse aventure, et madame Laripète ne conte jamais à personne ce qu'était cette joie d'aimer plus haut que le monde, et en plein ciel, laquelle serait peut-être notre seule bonne raison de mourir.

LE PATER NOSTER

LE PATER NOSTER

En écoutant, dimanche, glorifier mon cher Paul Arène en la fête félibréenne de Sceaux, au bruit des farandoles et dans le grondement lointain de la Tarasque, je me remémorais mille bonnes causeries d'autrefois, et de lointaines lettres aussi, que j'ai conservées précieusement, écrites qu'elles semblent avec un rayon de soleil. Et, dans une qu'il m'adressait de mon propre pays natal, pendant un voyage qu'il faisait en Ariège, je me souviens de ce compliment qu'il savait devoir me toucher au cœur : « Ton Tarascon est presque aussi bien que le nôtre! »

Mon pauvre Tarascon ariégeois! C'est que je suis un peu jaloux de la grande renommée que Daudet a faite à l'autre. Tout comme le sien, et au même titre, il figure sur l'*Almanach national des Postes* et dans le *Dictionnaire des Communes de France*. S'il ne possède pas, comme celui de Daudet, un vieux château profilant, sur l'or rouge des couchants, le souvenir des âges féodaux également regrettés par toutes les âmes viriles, il est traversé par la plus délicieuse rivière du monde, où les truites apparaissent sous une nappe d'argent transparente, immobiles comme si elles étaient déjà servies ! où mille remous capricieux balayent de flocons de neige l'image inexorablement bleue du ciel ; où l'eau des torrents vient se briser en cascades qu'effleure, de sa flèche d'émeraude, le vol éperdu des martins-pêcheurs. Petite ville exquise, sise entre Foix et Ax, comme le constatent toutes les géographies désintéressées, pendue comme une chèvre au flanc de la montagne, presque au pied plutôt, là où commence la zone de verdures sans cesse rafraîchies par des ondes claires, et toujours pleines de chants d'oiseaux.

Je sais la renommée des filles qui, d'Arles voisine, semblent recueillir un rayonnement de beauté latine, un reflet des splendeurs dont les marbres antiques nous ont légué le regret. Mais nos filles, à nous aussi, sont belles, brunes avec des chevelures presque bleues, et cette flamme intérieure dans les yeux qu'on dirait faite des clartés méridiennes emprisonnées et condensées sous l'horizon fermé des montagnes, comme dans un nid de lumière que l'ombre enveloppe de toutes parts. Elles ont aussi les lèvres sanglantes des petites filles de Rome et s'ouvrant sur des nacres comme de rouges coquillages. Hardies avec cela, n'ayant rien des pudeurs craintives où s'affirme, dans les villes, la vertu provinciale. Comme à leurs sœurs lointaines, les Tarasconnaises provençales, l'accent ne leur manque pas; mais il s'oublie dans le charme bruyant de leur rire et dans l'éclat fanfaresque de leur voix qui, comme celle du coq, pourrait éveiller l'Aurore.

Telle était, entre toutes, Paule, la fille du tonnelier Garrigue, qui chantait, comme pas un, en s'accompagnant du bruit sourd de son maillet dont il avait su faire un véritable instrument de musique, frappant la douve çà et là, suivant la note qu'il voulait donner, et exécutant même, au besoin, des trilles, par un frémissement de bois massif sur les planches vibrantes et minces. En effet, dans l'harmonieuse théorie des filles de Tarascon s'égrenant, avec des refrains aux lèvres, sur les rives de l'Ariège, durant les soirs calmes d'été et sous la caresse des crépuscules, Paule apparaissait comme une étoile dans la poussière lactée des petits astres, qui ne font, à eux tous, qu'une tache blanche dans le ciel. Ne me demandez pas son portrait ! Que vous fait de savoir qu'elle portait l'ombre de la Nuit dans ses cheveux et toutes les constellations du firmament dans l'or vivant de ses prunelles ?

Vous vous demandez ce que devient la lune dans cette stellaire comparaison ? Eh bien, je ne vous dirai pas non plus où elle en portait l'éclat, mais sachez qu'il aurait fallu une âme singulièrement cruelle pour rêver de l'y aller prendre avec les dents, comme le défend, d'ailleurs, avec raison, un dicton populaire.

Paule était d'ailleurs aussi renommée pour sa sagesse que pour sa beauté, et ses trois amoureux, Jean, Pierre et Luc, l'étaient pour le bon motif, j'entends celui qui permettait autrefois d'opprimer son conjoint toute sa vie. Tous trois tonneliers, et tous trois élèves de Garrigue, d'ailleurs. Mais, me direz-vous, on fait donc bien des tonneaux, à votre Tarascon ? Rassurez-vous ? on travaille lentement dans notre cher Midi. On y parle trop pour y agir beaucoup. Cela permet de dire plus de bêtises qu'on n'en fait, ce qui est une indéniable supériorité sur les gens du Nord. Nous sommes, par ce seul fait, moins nuisibles et plus amusants.

Et les choses allaient ainsi leur train, dans un doux murmure de madrigaux que la belle Paule semblait écouter avec la même fierté dédaigneuse, l'excellent Garrigue s'amusant fort à ce manège des trois galants et se félicitant *in petto* de n'avoir pas même à veiller sur la vertu de sa fille, quand un méchant voisin fit, sur l'embonpoint croissant de la jeune personne, une remarque qui troubla violemment sa quiétude. Le fait est que Paule portait, sur son visage et ailleurs encore, une fleur triomphante d'épanouissement. Le père s'en enorgueillit d'abord, puis devina la vérité et en fut effroyablement marri. Découvrir le séducteur de sa fille fut son immédiate pensée. Il les soumit, tour à tour, à une interrogation furieuse. Pierre établit victorieusement un alibi en faveur de son innocence. Jean, qui était un chrétien hors ligne, jura sur son salut éternel que l'accident n'était pas son fait. Luc avoua sans se faire prier, mais en demandant en même temps la main de la jeune fille.

— A la bonne heure ! Au moins, toi, tu dis la vérité ! s'écria le bon tonnelier Garrigue, et je te donnerai ma Paule, qui est déjà un peu la tienne ; mais ne me reparle jamais de tes amis Pierre et Jean ! des sournois dont on ne peut tirer un mot de vérité.

Et il s'en fut par tout Tarascon, voire par tout Ussat et tout Ornolach, les deux villages les plus voisins, répétant à qui voulait l'entendre :

— Quel honnête homme que ce Luc ! Mais quelles canailles que ce Pierre et que ce Jean !

Et tout le monde approuva l'excellent Garrigue de se donner pour gendre ce loyal et sincère Luc, au lieu de ces cachottiers de Pierre et de Jean, qui ne trouveraient plus, d'ailleurs, à se marier dans un pays où l'on estime avant tout la vérité.

Les bans ne traînèrent pas, mais ils ne furent cependant si précipités que Paule n'eût le temps de mettre au jour, avant le mariage, un magnifique garçon qui avait, au dire de voisines malicieuses, les yeux de Pierre, le nez de Jean et le menton de Luc. Mais, comme Paule était fort aimée dans le pays, elle était défendue par tous les honnêtes gens, et ceux-ci déclarèrent que l'enfant était sa propre image, à elle, ce qui était beaucoup plus flatteur pour lui.

Nous voici maintenant à la mairie d'Ornolach, où Garrigue avait des biens, ce qui lui avait permis d'y faire déclarer la naissance de l'enfant dans une moins grande ville et moins peuplée de méchantes langues que Tarascon. Comme Pierre et Jean, ses élèves en tonnellerie, étaient d'excellents ouvriers qu'il n'aurait pu facilement remplacer, il avait fini par leur pardonner, et c'est eux qui servaient de témoins à la déclaration, tous deux naïfs en affaires administratives, autant que Luc lui-même, et, de plus, allant infiniment plus souvent — les temps ont bien changé ! — à l'église qu'à la mairie, comme tous les campagnards de ce temps-là. Or, la mairie possédait un unique employé qui n'aimait pas, comme tout bon Méridional, qu'on le dérangeât. C'est donc avec une mauvaise humeur marquée, qu'ouvrant son registre poudreux, il demanda :

— Le nom du père ?

Comprenant mal, les trois jeunes gens, le père et les deux témoins, se signèrent sans que l'employé y fît attention et dirent à voix basse un *Pater noster*, cuidant, comme disaient nos pères, que ce fût par cette petite dévotion que commençât la cérémonie.

N'entendant pas de réponse à sa question, M. l'employé de la mairie s'impatienta.

— Vous venez déclarer un enfant, n'est-ce pas ? Eh bien, je vous ai demandé le nom du père, hurla-t-il très malhonnêtement.

Mais les tonneliers ne sont pas gens qui se laissent volontiers molester. Très vexés, Pierre, Luc et Jean, en même temps, lui répondirent et sur le même ton :

— Monsieur, nous l'avons fait tous les trois.

LA BONNE LEÇON

LA BONNE LEÇON

Et madame la Préfète ? Cependant que notre doux Laripète légifère administrativement, elle s'exerce à quelques menues bonnes œuvres laïques où s'épanche sa naturelle bonté. C'est ainsi qu'elle vient de marier une des plus jolies filles du pays, Éléonore, au gendarme Pamphile qui vient d'être nommé brigadier par la même occasion. Un vrai bijou, cette Eléonore qui lui était venue, un beau matin, avec son grand panier d'osier grinçant, apporter son linge et qu'elle avait soudainement prise sous sa protection, par une de ces attirances mystérieuses auxquelles sont portés les êtres de premier mouvement. Exquise à regarder, la petite blanchisseuse provinciale ; un frisson printanier semblait courir dans tout son être, dans le bleu très pâle et comme frileux de ses prunelles, dans sa chair d'un ton particulièrement tendre et délicat, dans sa chevelure dont le blond très clair était celui des soleils de mars aux rayons mouillés. Bêtasse comme tout avec cela, toute fraîche émoulue du catéchisme paroissial, croyant fermement à toutes les fables bibliques et notamment convaincue que les choux, avant de servir de linceul aux perdrix, ont été les premiers langes des petits enfants ; une fleur d'innocence, sauvage comme les églantines des haies, s'effarouchant et se rassurant pour des riens, aux pétales tremblants comme ceux des sensitives, au rire clair et mouillé de rosée comme les premières roses d'avril. Quant à Pamphile, un solide militaire, arrière-petit-cousin de Pandore, tenant sa buffleterie avec un soin jaloux, bon garçon et tout à fait gracieux avec les criminels qu'il menait par les grands chemins, pieds nus et les menottes aux poignets, non pas cependant au point de leur prêter le bon cheval sur lequel il se dodelinait pesamment, avec une conscience tranquille, pendant que les pauvres hères saignaient sur les cailloux. Madame Laripète, qui l'avait remarqué pour sa belle prestance, avait deviné, tout d'abord, que ces deux êtres se conviendraient et feraient des enfants superbes. Et, de ses petites économies de femme rangée, elle avait doté Éléonore pour en faire un parti sortable au bon maréchaussier.

Maintenant, Pamphile aimait-il Eléonore ? De toute sa vigueur de gars bien portant. Chose plus grave : Eléonore aimait-elle Pamphile ? Elle le croyait sincèrement, sa protectrice lui en ayant donné l'ordre. Mais que vaut la bonne foi d'une personne aussi pure ? Ce n'est malheureusement qu'au déduit comme disaient nos pères, qu'on se peut assurer de ces choses-là. De là tant de mauvais ménages ! Plus j'y réfléchis, plus il me semble que le mariage est une pièce assez importante pour qu'on la doive répéter généralement. C'est ce qu'ils font au Japon, où la morale est autrement sure que la nôtre. Telle est la haute idée que les sages de ce pays ont conçue de la noble institution du mariage, qu'ils en font comme le sommet hiérarchique de la vie passionnelle. On n'y parvient pas, comme chez nous, du premier coup, mais on s'y élève par une série de travaux préparatoires. C'est le dernier mot d'une carrière, entre gens qui s'aiment, le bâton de maréchal que cachent les jeunes filles dans les plis de leur robe de soie aux grands ramages fleuris. Aussi, point de maris trompés dans cette patrie riante des fleurs de pêcher. Vous me direz que c'est bien triste pour les célibataires. Mais c'est tout de même mieux que chez nous.

4.

Le mariage se fit avec une solennité douce. Toute la gendarmerie départementale y assistait et aussi toute la blanchisserie du chef-lieu. Délicieusement habillée par sa marraine improvisée, Eléonore semblait un grand lys dans sa robe blanche et sous sa couronne candide. Il semblait que l'hiver eût oublié, dans ses jupes, les plus pures blancheurs de sa neige et que des cygnes eussent duveté, du plus fin duvet de leurs ailes, sa belle chevelure de vierge craintive. Une émotion très naturelle avait rosé le velours de ses joues et, sans doute, tout en méditant le ton pudique dont il fallait dire le « Oui » sacramentel, pensait-elle aux dernières recommandations que lui avait faites madame la Préfète, tout en chiffonnant son voile autour de son front. Oh! recommandations toutes maternelles, la pauvrette étant orpheline, et comme une femme d'expérience en doit faire à une enfant qui ne sait rien de la vie! Entre autres choses essentielles, madame Laripète lui avait recommandé de ne rien céder à son mari qu'il n'en résultât quelque petit avantage immédiat pour le ménage. C'est ainsi qu'une jeune épouse avisée complète en peu de temps son trousseau et se fait, dès la première année de son mariage, un gentil mobilier. Vous me direz que les courtisanes, justement méprisées, ne s'y prennent pas autrement pour avoir un intérieur confortable et des bijoux. Mais le mariage a cela d'admirable qu'il sanctifie, de sa seule essence, tous ces petits manèges intéressés et les ennoblit par la seule vertu du sacrement. On n'en saurait faire vraiment un plus bel éloge ni lui rendre un plus parfait hommage.

Et maintenant, les justes noces consacrées à la mairie et à l'autel, où, successivement, le précieux Laripète et M. le curé tinrent aux époux les plus touchants discours sur leurs réciproques devoirs, — l'ancien commandant ayant à cela un certain mérite, — pénétrons, avec un bandeau sur les yeux, — exemple que nous donne l'Amour, — sous les rideaux qui abritent, de leur serge à grands ramages, le bonheur des nouveaux époux. Remarquez bien qu'il ne s'agit pas ici de concubins, ce qui rendrait notre curiosité tout à fait dégoûtante, mais de gens qui viennent de contempler, face à face, le ventre multicoloré d'un maire et le dos moiré d'un oint du Seigneur, ce qui le transforme en désir noblement instinctif et en légitime appétit d'honorer le mariage dans ses moindres détails. Pamphile vient de parler si bas que nous n'avons rien entendu, mais c'est très distinctement qu'Eléonore lui répond :

— Mon ami, pouvez-vous penser à des frivolités pareilles quand je viens de découvrir que nous n'avons pas une seule petite cuillère dans notre modeste argenterie ? Comment ferions-nous pour prendre le café, si nous avions du monde à dîner?

Nouveau discours de Pamphile, également inintelligible.

— Mon Dieu, continue Eléonore! Que vous êtes entêté dans vos idées! Laissez-moi donc tranquille avec vos babioles! Nous sommes bien lotis, vraiment, sans petites cuillères! C'est affreux de n'avoir pas pensé à cela.

Pamphile exhale un nouveau monologue mêlé de soupirs.

— Non! monsieur, non! poursuit Eléonore. Si vous continuez, je me lève. En voilà, une imagination saugrenue qui vous tourmente! Si vous croyez que c'est pour faire de pareilles bêtises que je me suis mariée! J'aurais voulu des petites cuillères avec un simple filet et nos initiales seulement. Je n'étais pas bien exigeante!

Des sanglots se mêlent à l'oraison, d'ailleurs toujours confuse, mais de plus en plus pressante de Pamphile.

— Ah! c'est trop fort, et je saute définitivement à bas de mon lit, s'écrie Eléonore. Oublier pour de telles billevesées le souci de la maison!

Et Eléonore pleurait, à son tour, arrachant ses beaux cheveux blonds et piétinant le parquet de ses pieds nus. Mais Pamphile la ramena doucement à lui, en lui promettant une première demi-douzaine de petites cuillères pour un peu de bonne volonté. Le lendemain, elle en avait trois douzaines et s'applaudissait des bons conseils que lui avait donnés madame Laripète. Quand Pamphile, que sa promenade à cheval avait fatigué plus que de coutume, lui revint le soir, il la trouva plus tendre que jamais, et c'est d'une voix qui était comme une musique de l'âme qu'elle lui dit, en l'enveloppant de la rondeur parfumée de ses beaux bras blancs :

— Mon ami, c'est une louche qu'il nous faudrait, maintenant.

CUCURBITACÉE

CUCURBITACÉE

Ce n'était pas un homme ordinaire que M. Rotebidou, et son arrivée, chaque matin, sur la place du Capitole, à l'heure du marché, était salué par un remue-ménage considérable sous les grands parapluies rouges qui couvrent, là-bas, les boutiques en plein vent et donnent, de loin, l'impression d'un plant d'immenses oronges. C'est que M. Rotebidou, ancien avoué de son état et jouissant d'une honnête aisance, avait, comme client, une véritable spécialité. Il n'avait pas son pareil, entre Pamiers et Montauban, pour découvrir les qualités d'un melon, rien qu'à l'inspection de son parfum. Il était arrivé, par l'expérience, à un point de virtuosité incomparable ; il flairait le fruit sous la queue, et vous disait immédiatement sa provenance, sous quel vent était orientée la couche sous laquelle il avait grandi, le temps exact pendant lequel il avait mûri, et, détail plus précieux encore, le jour et l'heure précis où il devrait être mangé pour être savouré comme il convient. Cette compétence particulière lui avait valu, dans la grande cité palladienne, une réelle popularité. Il n'avait pas plutôt débouché sur la place, par la rue de Rémusat, que toutes les commères — j'entends les bonnes ménagères aussi bien que les filles de service — se pressaient autour de lui, et lui demandaient anxieusement son avis sur les acquisitions projetées. L'ancien officier ministériel se prêtait avec beaucoup de complaisance, et quelque orgueil aussi, à ces gratuites consultations. C'était peut-être une revanche inconsciente de sa probité naturelle à l'endroit du temps qu'il avait fait payer démesurément cher aux clients de son étude. En ces belles expériences gastronomiques, il était d'ordinaire accompagné par son fils Pascal qu'il formait à son école et qui commençait à s'y entendre déjà fort bien à renifler inutilement au même endroit que son papa.

Or, dans la jolie petite ville, non lointaine de Toulouse, qui s'appelle Cazères, et est justement renommée pour la saveur de ses pêches aux reflets d'ambre trempé de pourpre, habitait, certainement, un des gastronomes les plus célèbres d'une région où la bonne chère est tenue en grand honneur. Les vieux médecins sont généralement gourmands. Ils ont fait avaler tant de mauvaises drogues à leurs malades qu'ils n'en prissent que davantage les bonnes choses pour eux-mêmes. Mais le docteur Vessaride trouvait moyen de se distinguer encore parmi ses confrères. Il était particulièrement gourmet à l'endroit des melons. Aussi la renommé de Rotebidou était-elle venue tout naturellement jusqu'à lui et caressait-il vaguement le rêve égoïste de donner sa fille Aurélie au fils et successeur de cet homme illustre, à l'éminent, déjà lui-même, Pascal Rotebidou.

Les choses pouvaient s'arranger à merveille, car le vieux praticien ne manquait pas de bien et sa fille Aurélie était de tout point une délicieuse personnne : brune comme on l'est là-bas, avec des yeux de velours éteint où brillait une pointe de braise, avec ses cheveux d'un noir presque bleu, avec son beau type latin, son nez droit et sa bouche dont la pourpre était foncée et charnue comme celle des mûres avant leur entière maturité, de belle stature avec cela, non pas qu'elle fût grande, mais l'harmonie parfaite de ses formes donnait l'impression d'une taille supérieure à la sienne. Au demeurant, une fiancée fort souhaitable, même à un amateur de melons hors ligne.

Quand les choses ayant été préparées sournoisement par les parents, comme il arrive toujours, Pascal dut se rendre à Cazères, pour faire sa demande, il emporta, bien entendu, de Toulouse, un melon absolument merveilleux, le miracle du genre, d'une rotondité majestueuse, avec les côtes d'une régularité parfaite, d'une saveur tout à fait enivrante, et qui devait être mangé le lendemain, à onze heures juste, c'est-à-dire au commencement du déjeuner. Quand Pascal, qui arrivait à Cazères trop tard pour présenter ses devoirs le soir même, et qui, d'ailleurs, n'aurait pu loger décemment dans la maison de sa fiancée, fut pour retenir une chambre à l'hôtel du « Veau qui chante » donnant précisément, à travers la place, sur la façade de la maison du docteur Vessaride, il en obtint une dont la fenêtre s'ouvrait directement sur ce point de vue. Cette chambre venait tout juste d'être précipitamment quittée par le commis-voyageur Josias qui, en rencontrant son successeur, le prit à part pour lui dire : — « Si j'ai un bon conseil à vous donner ne regardez pas par votre fenêtre. » Mais comme ce Josias, un gros petit homme, avec un visage imberbe, rond comme une lune, et où les yeux microscopiques mettaient, à peine, deux trous de lumière, passait pour un farceur, Pascal se contenta de hausser les épaules en l'appelant « mauvais plaisant ! » — Or, le conseil que Josias venait de lui donner était excellent. En effet, si le commis-voyageur venait de quitter, avec tant d'empressement, la chambre qu'il occupait depuis plusieurs jours, c'est qu'il venait de recevoir un poulet ainsi conçu : « Espèce de polisson, j'ai l'honneur de vous prévenir que, si cette nuit encore, vous mettez la tête à la fenêtre pour reluquer impertinemment tout ce qui se passe dans la chambre de ma fille bien-aimée, je ne donne pas quatre sous de la fraîcheur de votre museau, demain. — Signé : VESSARIDE. »

L'excellent Pascal, parfaitement ignorant de ce détail, en arrivant dans sa chambre, s'occupa de son melon, avant de donner aucun soin à sa propre personne ; il fallait, avant tout, que le fruit passât la nuit au frais, en restant protégé, jusqu'à la venue de celle-ci, contre les derniers rayons obliques du soleil couchant. Il l'installa donc sur le bord de sa fenêtre, en ramenant provisoirement les persiennes qu'il rouvrirait vers les neuf heures seulement, quand le ciel aurait revêtu son beau manteau fleurdelysé d'étoiles. La soirée fut précisément superbe, et, bien que la lune fît défaut dans le firmament, l'air était tout noyé d'une lumière blanche aux transparences argentées. A neuf heures précises, Pascal remonta dans son gîte, poussa les persiennes en dehors et se mit vertueusement au lit, en laissant la fenêtre ouverte, parce qu'il faisait grand chaud. Une demi-heure après environ, et comme il dormait déjà d'un profond sommeil plein de doux rêves, le docteur Vessaride s'en fut à son observatoire, pour voir si cet impudent Josias avait tenu compte de ses menaces. Grâce à l'obscure clarté qui tombait des étoiles, il crut immédiatement reconnaître, dans le melon de Pascal, le visage gouailleur du commis-voyageur qui se fichait de lui et continuait à regarder les croisées de sa fille. Ivre de fureur, le docteur s'en fut décrocher un fusil à vent dont il se servait pour les temps de chasse prohibée, y glissa une longue cartouche de gros sel qu'il avait préparée pour tirer sur les maraudeurs nocturnes, et paf! sans grand bruit, il envoya toute la charge dans le melon, qui roula dans la chambre de Pascal. Mais celui-ci dormait si bien qu'il n'en entendit pas même la chute. Et le docteur lui-même, dans le silence funèbre qui suivit, devant cette fenêtre béante et vide comme une fosse ouverte, eut peur d'avoir tué sa cible vivante et ressentit les premières atteintes du remords.

Le lendemain, Pascal s'imagina benoîtement que c'était le vent qui avait fait choir, en dedans, la cucurbitacée. Les déchirures de l'écorce avaient été si fines qu'il ne les vit pas en inspectant son melon qui lui parut merveilleusement à point. Donc, fort content à l'avance de la journée qui se préparait, il fit un brin de toilette, mit le fruit monstrueux sous son bras et s'en fut présenter ses hommages à sa future famille. Mademoiselle Aurélie en fut fort satisfaite et il ne plut pas moins au docteur Vessaride qui lui trouva l'air nigaud mais bon enfant. Tout se passa donc à merveille jusqu'à l'heure du déjeuner ; le temps fut employé par une visite aux fortifications féodales de la ville, et par une promenade dans un chemin creux où mademoiselle Aurélie eut l'occasion de montrer un délicieux bout de mollet. Couvert somptueux dans la salle à manger, au retour ; quelques invités de choix : M. Guilledou, notaire ; M. Ventedebry, capitaine de gendarmerie ; mademoiselle Lamouillasse, directrice des postes.

Il s'agit de découper le melon, et le cœur de Pascal bat à se rompre.

— A vous l'honneur, mon gendre, lui dit le docteur Vessaride en lui tendant le couteau d'argent.

La chair, légèrement cinglée par la fusillade, du fruit endolori n'en paraît que plus tendre et plus juteuse ; le parfum, avivé par cette innombrable blessure, n'en est que plus pénétrant. Tout le monde est servi : M. Vessaride attaque sa tranche le premier ; mais à peine en a-t-il posé un morceau dans sa bouche qu'il pousse un « Pouah ! » formidable. Effroyablement salé, le melon donnait une vague impression de morue. Rouge de colère, le docteur se leva.

— Vous n'aurez jamais ma fille, monsieur, hurla-t-il en montrant la porte à Pascal, ahuri. Vous êtes un faux Rotebidou !

Et sous cet anathème, le malheureux Pascal dut rentrer à l'hôtel, où ce farceur de Josias lui proposa une partie de manille pour le consoler.

PRÉSENCE D'ESPRIT

PRÉSENCE D'ESPRIT

Les premiers temps de l'investiture préfectorale de notre précieux Laripète ne viennent pas de s'écouler sans quelques menus inconvénients de l'ordre administratif. En lui donnant ses dernières instructions, le ministre lui avait dit : « J'entends, mon cher préfet, que vous meniez les choses, dans votre département, avec une rondeur toute militaire, et c'est pour cela que je vous ai choisi. J'en ai assez des préfets finauds et diplomates. La République n'a plus besoin que de francs et loyaux serviteurs disant à tous la vérité. » Cette bourrique de Laripète avait failli pleurer d'attendrissement en entendant ces romaines paroles. Et, en prenant possession de ses bureaux, il ne manqua pas de les répéter avec émotion à ses collaborateurs qui faillirent crever de rire. Il ajouta que, contrairement aux habitudes de son prédécesseur qui fichait le camp à Paris à tout propos, il demeurerait toujours à son poste, ferait tout par lui-même et se tiendrait au courant des moindres choses, rendrait imperturbablement justice à qui la mériterait, exigerait de tous ses employés une assiduité extraordinaire, récompenserait les bons et renverrait les mauvais, ferait enfin de son administration locale une administration modèle qu'envieraient us les départements du territoire. Je vous laisse à penser si cet honnête programme fut bien accueilli ! Une haine épouvantable pour le nouveau venu mit un éclair, jusque dans les yeux pourvus de lunettes du dernier expéditionnaire. Quant au secrétaire général de la préfecture, M. Lechampion de la Raterie, qui avait déjà beaucoup de carrière et crevait de jalousie de n'avoir pas été nommé préfet, la plus pure indignation dressait ses rares cheveux sur son crâne apoplectique — et une dentelle d'écume frangeait ses lèvres vipérines. Au moins ses autres supérieurs hiérarchiques lui avaient-ils laissé, de grand cœur, l'autorité, à défaut du titre, et en avait-il largement profité pour installer, dans cette heureuse région, le régime absolu de son bon vouloir et y jouer au petit Louis XIV. C'était l'anéantissement de ce métier d'Éminence Grise et de préfet *in partibus*. D'ironiques marques de sympathie et d'approbation, quelques hypocrites bravos même n'en saluèrent pas moins la harangue de l'innocent Laripète. Mais, tenez-vous-le pour dit, rien ne marchera dans son département parce qu'il a ses bureaux contre lui. Ses dévoués collaborateurs le pousseront à toutes les bévues. La lutte sera incessante entre sa bonne volonté et la rosserie de ses subordonnés. Quelquefois l'ex-commandante le tirera d'affaires, parce que les femmes sont toujours plus fines que les hommes. Mais, comme vous le verrez par la suite, rien ne ressemblera moins que sa vie provinciale au repos paisible qu'il rêvait à la fin de sa carrière, et le *Deus nobis hæc otia fecit* virgilien viendrait bien moins sur ses lèvres que sur celles de Tityre.

Et l'ex-commandante ? Depuis qu'elle est redevenue, vous savez comment, et par une fissure de la loi sur le divorce, madame Laripète, bien des pensées ont traversé sa cervelle, mais pas une fois celle de demeurer enfin fidèle à ce généreux et débonnaire époux. Il est un âge où il serait indiscret de demander aux gens un changement de régime. Bien qu'agréable encore, — j'entends sortable à un provincial adultère, — elle subit cette tyrannie, aimable, d'ailleurs, dans son cas, de l'habitude. Mais il va lui falloir se contenter d'un amoureux civil, ce qui lui apparaît comme un déchéance vague. Dans la cité bégueule où le ménage est venu échouer, il y a bien une garnison, mais les officiers ne sont pas reçus dans ce qu'on est convenu d'appeler le monde. Aussi le régiment boude-t-il la préfecture, de temps immémorial. Madame Laripète a bien tenté de rompre cette glace. Mais le colonel, comte de Pégrignasse, est un vieil entêté plein de morgue. Connaissant de réputation l'impétueuse commandante, il estime qu'elle serait essentiellement préjudiciable à la discipline de ses lieutenants et sous-lieutenants. Il a interdit à ceux-ci d'aller à ses petites fêtes. Il se faudra rabattre sur les simples pékins. Les soupirants, d'ailleurs, ne manquent pas, depuis le chef du parti conservateur, M. Levent de Laridelle, qui apporterait à l'administration républicaine de Laripète un utile appoint, mais qui est un quinquagénaire un peu marqué, jusqu'au substitut Puceleau qui a, dit-on, beaucoup d'avenir et non moins d'ambition, notablement plus jeune que son rival, mais semblant infiniment moins expérimenté avec les dames. Nous verrons ce que tout cela deviendra. Mais soyez sûr que Laripète continuera d'être trompé, ce qui paraît, d'ailleurs, essentiel à sa santé. Mithridate avait façonné la sienne à de plus rudes poisons.

La semaine dernière, grand concours régional dans la commune de Sainte-Camelle, près Puce (je vous donne ma parole que vous les trouverez dans le dictionnaire des communes, ce qui vous révélera, en même temps, le département administré par Laripète). C'était la première fois que Laripète devait présider une cérémonie de ce genre, et il attendait ce dimanche-là avec une certaine émotion. Lechampion de la Raterie lui avait bien proposé de lui préparer son discours, se réservant de le couler comme orateur du premier coup. Mais non! Laripète entendait opérer seul. Il trouverait bien le moyen de redire aux lauréats les belles paroles que lui avait dites, à lui-même, M. le ministre, et n'en demandait pas davantage. Le programme de la politique à ciel ouvert et de l'administration bonne enfant, de l'autorité paternelle et du pouvoir à la bonne flanquette! On est toujours éloquent avec ce beau thème-là. Madame la préfète serait là d'ailleurs pour le souffler, si la mémoire lui manquait. Car il convient d'apporter un élément de grâce féminine à ces bucoliques solennités. Nos gentilshommes d'antan ne manquaient pas d'y amener les belles châtelaines. Notre état nouveau ne saurait mieux faire que d'imiter ces belles façons. A chaque candidat heureux, madame la préfète adresserait quelque mot flatteur qui doublerait le prix de la médaille obtenue. Madame Laripète pensait même à embrasser les plus beaux gars (il n'en manque pas dans le pays), pour accentuer ainsi, par une familière accolade, ce courant de sympathie et de popularité de bon aloi. Voilà ce qu'on peut appeler de la saine démocratie !

La distribution des prix bat son plein. La musique des pompiers a fait merveille, C'est comme un grand fleuve vivant qui vient battre de ses flots sonores l'estrade où M. le Préfet resplendit dans son somptueux uniforme argenté, ayant à sa droite madame la préfète en une fort suggestive toilette où s'épanouit — sans emphase d'ailleurs — au contraire ! — son opulente personne, le mensonge savant des étoffes coûteuses, emprisonnant fort à propos quelques révoltes excessives de son appétissant embonpoint. Ce que les beaux gars déjà cités du pays la reluquaient, rabattant leurs casquettes sur l'oreille pour faire les farauds, et parlant haut pour s'en faire remarquer ! Tout ce monde houleux, mais d'une houle débonnaire et de bonne humeur, où le bon petit vin blanc de la contrée mettait ses rythmiques oscillations, roulait ses vagues humaines dans la belle poussière d'or d'un jour sans nuées, dans l'haleine odorante des foins fraîchement coupés et des plantes sauvages, avec le relent lointain des vacheries et des étables où mugissent et bêlent les animaux abandonnés.

Plus de vingt médailles, dont plusieurs données par le gouvernement lui-même, ont récompensé déjà diverses industries et maints travaux agricoles et des services rendus à la région par de courageux et ingénieux travailleurs. Madame Laripète a déjà embrassé avec effusion cinq ou six des lauréats les mieux tournés, et son mari n'a pas manqué une seule fois de lui serrer ensuite la main, à elle-même, en lui disant tout bas : « Merci ! » On arriva, sur le palmarès, à l'encouragement le plus envié, celui qui s'adresse à l'élevage et qu'on garde, comme on dit, pour le bouquet du feu d'artifice. M. le secrétaire de la mairie de Sainte-Camelle, près Puce, tremble d'émotion lui-même, en nommant l'heureux titulaire de cette haute distinction : le boucher Latripe. Tous les regards de la foule se tournent du côté où il a été aperçu tout à l'heure, cependant qu'un murmure flatteur et approbatif salue, par avance, son couronnement. Rouge comme une pivoine, avec de légers tons violacés d'aubergine, éclatant de graisse et de fierté dans sa courte veste paysanne étroitement boutonnée, le gros homme s'avance en dodelinant de la tête, ses lourdes mains pendantes sur les cuisses qu'elles soufflettent ; d'un pas deux fois chancelant par le poids et par une pointe vin blanc, il enjambe les premières marches de l'estrade. Madame Laripète, en personne, tend la médaille glorieuse à la main du pénible arrivant. Mais celui-ci, comme fasciné, se penche lui-même si impétueusement vers l'objet souhaité que sa culotte, trop étroite, se fend par le milieu du fond et découvre inopinément au public les trois quarts, pour le moins, de ce qu'elle contenait — telle la lune déchirant le rideau des nuages. — Un tumulte épouvantable, ironique, plein d'éclats de rire et de cris de fausse horreur accueille cette postérieure et involontaire manifestation. Les jeunes filles surtout, très nombreuses dans l'assemblée, poussent des gloussements de poulettes effarées, en se bouchant les yeux, en se tordant en de bruyantes hilarités, et en se sauvant à toutes jambes. C'en est fait de la majesté de la cérémonie et Lechampion de la Raterie triomphera demain. Mais le *quos ego!* éolien n'est pas un mythe. D'une voix tonnante d'autorité, madame la préfète impose silence à ces péronnelles et prononce ces mémorables mots :

— Du sang-froid, mesdemoiselles. Rappelez-vous que ce monsieur est boucher !

LA SABRETACHE

LA SABRETACHE

Et celle-ci me fut contée, dans le bon pays de Brabant, durant une veillée d'hiver, devant un beau feu clair de sarments, dans le parfum, par avance, savoureux des grives d'Ardennes ponctuées de grains de genièvre, et postérieurement arrosées de Bordeaux comme en possèdent, seuls, nos hospitaliers voisins, par un vieil homme très aimable, comme ils sont beaucoup là-bas, et qui, fort honnêtement, me prévint qu'elle n'était pas d'hier, remontant au temps où les uniformes de l'armée belge, très germanisés, aujourd'hui, rappelaient encore exactement ceux de nos troupes impériales et les immortels dessins de notre Charlet.

Donc, le général van den Boum, sans avoir

précisément guerroyé à l'excès, s'était fait justement, dans les états-majors européens, la renommée d'un éminent stratégiste, et son opinion pesait d'un poids considérable dans les questions militaires. C'était, à l'ordinaire, un vieillard plutôt aimable, bon vivant, à part, néanmoins, quand la male goutte, à laquelle il était sujet, comme le sont volontiers tous les gens de belle humeur gastronomique et amoureuse, le tenaillait aux orteils. Il en acceptait la visite avec une maussaderie excessive, et ce n'était pas une fête pour ceux qui avaient l'honneur de faire partie de son entourage. Aussi son gendre, le capitaine Hostepatte, aux hussards du roi, qui demeurait dans son hôtel, ne manquait-il jamais de prendre un congé à cette occasion, tant le respectable grognard devenait insupportable. Et toute la garnison de Bruxelles eût bien voulu en faire autant. Car, à cheval seulement, à l'accoutumée, sur la discipline et la tenue des troupes, le général se livrait, quand il était d'aventure podagre, à de véritables exercices de haute École sur ses deux dadas et, de sa fenêtre qui dominait un des boulevards les plus fréquentés, et où il se tenait embusqué tout le jour, une lorgnette à la main, il faisait pleuvoir les punitions sur les malheureux soldats dont un bouton ne reflétait pas suffisamment le soleil, ou dont la boucle du ceinturon n'était pas exactement au milieu de l'abdomen — passe-temps d'un vieux guerrier qui n'entendait pas qu'une seule minute de sa vie fût perdue pour son pays.

Or, ce matin-là, le général van den Boum avait la goutte et s'était posté, à son observatoire, après une nuit détestable, laquelle l'avait prodigieusement courroucé : un matin clair pourtant et fait de toutes les caresses de la nature, avec un ciel très fin d'un bleu tinté de gris comme on les voit souvent dans le voisinage de Hollande, une atmosphère vibrante où étincelaient, au soleil levant, les nobles architectures de la ville, et beaucoup de fleurs par les chaussées, venues des magnifiques jardins de Gand, comme aussi beaucoup de belles filles aux chairs roses et qu'on eût dites échappées des toiles rajeunies de Rubens ; un matin plein de mansuétude ambiante et d'instinctifs pardons pour toutes les humaines faiblesses. Nonobstant ce grand souffle de fraternité, le général, en sentinelle à sa croisée, crispa terriblement l'accent circonflexe, gris et embroussaillé de ses sourcils, en apercevant le capitaine van den Brouck, au même régiment que son gendre, qui passait tout pimpant, en belle tenue de fantaisie, dans son superbe habit de hussard à brandebourgs sorti de chez un tailleur à la mode, la culotte triplement soutachée, mais absolument dénué de la sabretache réglementaire qui lui devait pendre au côté. *Gotferdom!* Et, appelant vivement son ordonnance, M. van den Boum lui enjoignit de courir après le sémillant officier et de le lui amener sur-le-champ. Quand celui-ci rejoignit sur le boulevard l'élégant capitaine, qui sifflotait un air conquérant en pensant à sa bonne amie, le jeune van den Brouck comprit immédiatement ce qui allait lui arriver, conscient qu'il était parfaitement de son grave manquement à l'étiquette militaire. Il arrivait donc tête basse, son joyeux turlututu rentré jusque dans les talons, quand, en suivant son guide, il aperçut, dans le vestibule de l'hôtel du général, pendue à une panoplie, une sabretache superbe, celle du gendre de van den Boum, son camarade Hostepatto qui avait été faire une petite saison à Ostende, pour hâter la guérison de son beau-père. Van den Brouch comprit la pitié de la Providence; il s'attacha rapidement à la ceinture cette sabretache tombée du ciel, et entra le front haut, parfaitement irréprochable maintenant dans sa tenue, chez son supérieur. En l'apercevant si absolument correct, le général, tout à fait étonné, se demanda s'il avait eu la berlue, se frotta les yeux et se trouva fort embarrassé d'engager une conversation dont le sujet lui échappait. Il s'en tira en homme du monde qu'il était et, tout en cherchant un peu ses phrases : — Capitaine, dit-il au jeune officier qui attendait, imperturbable, son discours, je sais quel intérêt vous portez à ma santé et je vous ai prié de monter, pensant que vous seriez enchanté d'avoir, de moi-même, de mes nouvelles... Je vous remercie d'en être venu prendre si spontanément!... Mais je ne veux pas vous retenir plus longtemps... » Et il congédia, d'un geste affectueux, le capitaine qui, en descendant, remit en place l'ornement qu'il avait dérobé pour un instant et sortit, enchanté, en reprenant son petit air de galoubet. Mais il n'avait pas compté que le général le regarderait sortir. Celui-ci faillit tomber à la renverse en revoyant ce diabolique van den Brouck encore sans sabretache! C'était trop fort! C'est tout à l'heure qu'il avait eu la berlue, en croyant lui en voir une! Et, avec d'épouvantables jurons, il relança son ordonnance à la poursuite de l'officier délinquant. Van den Brouck trouva la plaisanterie un peu longue, mais il remonta philosophiquement, prit la même précaution que précédemment au passage, et rentra dans la chambre du général magnifiquement sabretaché. Pour le coup, van den Boum eut comme une impression de sorcellerie et demeura coi. Il fallait bien pourtant dire quelque chose au capitaine, qui attendait respectueusement cette nouvelle communication. En bredouillant plus encore, il lui raconta qu'il croyait que celui-ci avait oublié, tout à l'heure, son mouchoir dans l'appartement, mais qu'il venait de reconnaître que c'était le sien, à lui van den Boum, et qu'il ne lui restait plus qu'à s'excuser de cet inutile dérangement. Même manége à la sortie. A une troisième apparition de van den Brouck sur le boulevard et toujours sans sabretache, le vieux guerrier faillit avoir une attaque d'apoplexie. Il se demanda s'il était devenu fou et voulut en avoir le cœur net. Il s'assura bien du fait avec sa longue-vue et fit remonter une troisième fois le jeune officier que sa bonne amie attendait toujours avec de jolies friandises sur la table et de bons baisers sur la bouche. Quand reparut van den Brouck, un peu vexé cette fois-ci et d'une politesse froide, mais toujours muni au dedans de ce qui lui manquait au dehors, van den Boum, apoplectique, ne trouva plus que cela à lui dire :

— C'est bien ! rompez les rangs !

Et, dès que le capitaine eut refermé sa porte, avant qu'il eût eu le temps de reparaître sur le boulevard, appelant madame la générale, qui faisait de la tapisserie dans son salon et lui mettant sa lorgnette entre les doigts :

— Madame van den Boum, lui dit-il, en lui montrant le capitaine par la fenêtre dès que celui-ci reparut sur la chaussée, cet officier de hussards qui passe là-bas, a-t-il, oui ou non, sa sa bretache?

— Vous voulez rire, mon ami, répondit l'excellente dame après avoir regardé. Vous voyez bien, comme moi, qu'il ne l'a pas!

— Eh bien! ma mie! c'est vous qui avez la berlue et c'est ce qui vous trompe. Il l'a!

Et il se rassit, soulagé, en se disant qu'il venait de donner à sa femme une bonne leçon, ce qui est toujours utile dans un ménage.

LES REVENANTS

LES REVENANTS

— Eh bien! Et ton commandant Laripète? Y a-t-il assez longtemps que tu ne nous en as parlé!

Je regardai mon ami Clodomir, mon vieux camarade à l'Ecole, avec la stupeur d'un homme qui rêve, en ânonnant, comme un écolier :

— La-ri-pè-te?...

— Tu n'as pas oublié ce vieux personnage de tes contes, continua Clodomir, j'imagine? Au fait, tu croyais peut-être l'avoir inventé?

— Mon Dieu! Je t'avoue que je le croyais sorti de mon cerveau.

— Tu te trompais! Je l'ai beaucoup connu. Je l'ai rencontré dans deux de mes garnisons, quand nous étions encore, l'un et l'autre, au service;

puis revu plusieurs fois, maintenant que nous sommes, tous les deux, à la retraite. C'est donc moi qui t'en donnerai des nouvelles. Elles sont d'hier. Ton commandant Laripète était divorcé.

— Lui? le modèle des époux?... Comment, était?... Tu veux dire qu'il l'est... à moins qu'il ne soit mort?

— Non! j'ai bien dit. Il ne l'est plus depuis deux jours. C'est même le sujet de la dernière aventure qu'on m'a contée de lui.

Tout à fait abasourdi, je fis signe à Clodomir que j'avais besoin de m'asseoir, et, tous les deux, nous nous mîmes à côté l'un de l'autre, sur un banc du jardin du Luxembourg où les petits oiseaux, en leur langage que je comprends à merveille, reprochent aux pères conscrits de ne leur point rendre le vieux compagnon de vagabondage, le pauvre Lélian dont on leur avait promis le marbre. Et Clodomir, qui jouissait de ma stupéfaction et devinait à merveille ma curiosité à l'endroit de mon ancien héros, ne se fit pas trop prier pour me narrer sa dernière histoire, laquelle soudain me rattacha à lui. Car, bien que Dieu m'ait, paraît-il, volé l'honneur de le mettre au monde, j'ai gardé pour Laripète, mon aîné cependant dans la vie, des sentiments tout à fait paternels. C'est Clodomir qui parle maintenant et je ne fais qu'écrire sous sa dictée, de souvenir, ayant gardé ma mémoire d'écolier.

Si Laripète, le patient époux, a quitté sa femme qui le trompait au jour — il est réservé aux illégitimes compagnes de tromper à la nuit — c'est que cette canaille de Lekelpudubec, que j'avais bien oublié aussi, lui avait, bien entendu, monté la tête. Car, au demeurant, pour trompé qu'il fût, le commandant n'en était pas moins parfaitement heureux. Un beau jour, il avait fait le méchant, et fait constater le flagrant délit avec un joli sous-lieutenant, par le commissaire Ventomagi qui, comme l'antique amiral, avait son idée. Oh! bien simple, son idée : le commissaire Ventomagi, qui était long et mince comme une trique, suivait une loi des contrastes que je n'ai jamais vue en défaut : il adorait les femmes dodues et d'assiette confortable. Si peu que vous m'ayez fait l'honneur de me lire autrefois, vous vous souvenez que la commandante se recommandait par un pétard exorbitant. Notre gaillard — le commissaire, non le pétard, — s'était dit qu'une fois légalement séparée de son mari, madame Laripète serait une maîtresse délicieuse et moins compromettante pour un fonctionnaire à qui l'adultère est spécialement interdit. Et de fait, le joli sous-lieutenant ayant été changé de régimont, Ventomagi en était venu à ses fins.

Car, il faut convenir que la commandante, depuis qu'elle a repris son indépendance, a jeté plus que son bonnet par-dessus les moulins. Fort agréable encore bien que sensiblement quadragénaire, elle mène une vie médiocrement édifiante. Aucune des nouveautés contemporaines ne l'épouvante. Elle est, par exemple, enragée de bicyclette, et ce n'est pas un médiocre spectacle de voir, devant soi, dans les allées du Bois de Boulogne, son volumineux séant aux prises avec une selle insuffisante et la débordant de son grassouillet caprice. Imaginez que la Fortune ait un instant quitté sa roue, et que la fantaisie d'un farceur y ait assis un potiron. Elle est, bien entendu, de toutes les petites fêtes où les cyclistes s'amusent après avoir embêté tous les passants. Qu'aurait dit le commandant, si de telles choses se fussent passées sous son consulat marital ! Mon Dieu ! le pauvre homme aurait eu grand tort de s'indigner, car il en avait vu bien d'autres !

Et il en voit d'autres encore, maintenant, avec la jolie maîtresse qu'il a prise, toujours sur le conseil du corrupteur Lekelpuduben. Noémie — le nom de ses aïeux importe peu, car si elle est de noblesse de robe, c'est par la femme seulement — a vingt ans au plus, mais qu'elle a merveilleusement employés à l'achèvement d'une beauté désormais parfaite, tant ses grâces naturelles se sont épanouies en un ensemble éblouissant, avec une pointe — ou mieux deux, si nous les plaçons dans son corsage — de maturité précoce, dans une fraîcheur obstinée de jeunesse : brune avec des yeux couleur de rêve, ni bruns, ni verts, ni bleus, mais où flotte une poussière d'or. Bonne aubaine pour un barbon qui n'a jamais été joli, comme Laripète. Aubaine justifiée, d'ailleurs, par l'héritage qu'a fait celui-ci d'une vieille cousine provinciale et qui lui permet de se comporter en nabab avec sa bonne amie. Ah ! cet héritage inattendu et copieux ! quels regrets il a donnés à l'imprudente commandante, qui sent à merveille que le pauvre Ventomugi, doué d'un traitement modeste et d'un ménage copieux, trouve un peu lourde la charge de sa délicieuse personne ! Mais quel espoir de reconquérir le cœur et surtout la confiance de Laripète désabusé ?

Lekelpudubec, dont l'unique joie aura été de tourmenter celui-ci pendant toute sa vie, le travaillait, depuis un mois, pour lui faire quitter Noémie qui, en effet, le couvre de ridicule par ses bruyantes infidélités. Vous savez, c'est dans le destin des gens. Ménélas se fût remarié, qu'il n'y eût rien gagné. C'est pourquoi, en homme rôtichi, il trouva plus sage de reprendre Hélène. Donc, il y a deux jours que Lekelpudubec avait prévenu son ami que ladite Noémie, qui lui avait annoncé un voyage chez sa grand'mère malade, devait se trouver avec un galant à une sauterie champêtre qu'une importante Société de cyclistes avait organisée, au retour d'une course, dans un cabaret à la mode de la banlieue. « J'y serai », avait dit Laripète. Et, pour ne pas avoir l'air d'un intrus, toujours sur le conseil de l'ex-amiral, il s'était confectionné un costume de gentilhomme pédalier avec lequel il aurait pu servir d'enseigne à une boutique de saucissons, Lekelpudubec n'étant pas moins grotesque sous un déguisement pareil. L'assemblée était nombreuse, et la joyeuseté s'accomplissait au soleil déclinant déjà dans une vapeur rose. Aussi purent-ils se mêler à la foule harassée, mais de belle humeur, des mangeurs de kilomètres et de leurs héroïques compagnes. Quand la commandante, qui en était et qui était arrivée avant Noémie, aperçut Laripète en quête et qui ne la voyait pas, elle échangea un regard avec Ventomagi, où se croisait une commune pensée, et, tout en s'éloignant, ils causèrent tout bas, et la conclusion de cet entretien fut un mot murmuré par la commandante : « Après tout, tous les hommes sont si bêtes ! »

Un instant après, le faux cycliste Lékelpudubec prévenait le faux cycliste Laripète de l'entrée de Noémie au bras d'un admirable gas qui n'avait pas l'air du tout d'une grand'mère malade. Laripète qui en était, au fond, très épris et qui doutait encore, ou, du moins, qui aurait voulu douter, se refusa à l'éclat qu'on espérait son perfide compagnon. Il n'accablerait pas, sur place, l'infidèle de ses reproches et de son indignation ; mais il lui signifierait le lendemain que tout était fini entre eux. — Poule mouillée! murmura Lekelpuduboc en le quittant avec dégoût.

Quelques minutes encore et Laripète, décidément désolé, se préparait à partir, quand un gamin lui remit un petit mot griffonné par une main dont l'émotion, sans doute, rendait l'écriture méconnaissable. Il lut comme il put, aux tremblotements des lanternes vénitiennes : « ... Je veux vous parler absolument... tout à l'heure... j'ai des explications à vous donner... sans témoins... il y a là des chambres... je vous attends au numéro 7... Ne me condamnez pas... » Il y avait des mots entre, mais indéchiffrables absolument. D'ailleurs, l'essentiel était là... — Noémie qui se repent et demande grâce ! pensa Laripète. Et il se résolut facilement à ne pas être impitoyable, tant il est de faiblesse dans notre cœur quand nous aimons! Il grimpa au numéro 7, après s'être enquis, sans en avoir l'air, des êtres de la maison. Un coup discret — la porte ouverte sans bruit... une obscurité complète dans la chambre et deux bras de femme s'accrochant à son cou... Il avait deviné, mais il retint à grand'peine un cri, ou mieux il ne le retint pas. Noémie avait doublé dans l'ombre. Noémie avait pris aussi la voix de la commandante. Cette étreinte était celle de son ancienne femme. Il s'en dégagea brusquement et regagna l'huis. Mais le bruit avait attiré déjà du monde, et c'est le commissaire Ventomagi qu'il entendit lui dire d'un ton goguenard :

— Eh bien ! commandant, mes compliments ! vous voilà remarié !

Et, en effet, il est écrit, dans la loi bénévole, qu'un seul moment d'entretien secret entre époux divorcés fait tomber les effets du divorce.

Voilà notre pauvre Laripète bien avancé. Nous vous redonnerons bientôt de ses nouvelles.

LA FROUSSE

LA FROUSSE

Or, donc, notre excellent Laripète — puisque vous m'avez demandé de ses dernières nouvelles — si merveilleusement réintégré sous le giron conjugal, par une vertueuse fantaisie du hasard, a immédiatement éprouvé les effets heureux de son retour à la vertu. L'ex-commandante, qui a beaucoup à se faire pardonner, et dont la maturité est encore pleine de charmes — car vous n'oubliez pas qu'il a toujours eu trente ans de plus qu'elle — n'a pas perdu un instant pour lui prouver l'efficacité des belles relations qu'elle a conservées dans le monde officiel — pas celui où l'on s'ennuie, mais où l'on ennuie surtout les autres. Notre Laripète est compris dans le dernier mouvement administratif et bombardé préfut. J'ai lu sa nomination avant-hier. Hier même, il a rejoint son poste, seul, bien entendu, madame Laripète ayant quelques menus remerciements à adresser à ceux qui l'ont si bien servie. Mais quelles recommandations affectueuses au départ !

— Ne monte pas avec un homme seul, mon chéri ! Tu sais comme on assassine maintenant les personnes dans les trains. Aucune sonnette d'alarme ne sonne, pour ne pas déranger les employés pendant leur sommeil. C'est par ironie qu'on nous annonce les plus sévères châtiments si nous les mettons inutilement en branle. J'en défie les plus malins ! Prends donc tes précautions ! Ne dors pas, pendant le trajet, comme tu en as la fâcheuse habitude. Aie toujours ton revolver à ta portée.

— Ah ! l'excellente femme, et que j'ai bien fait de me remettre avec elle, pensait le doux Laripète, surtout quand je la laisse !

— En voiture, messieurs, en voiture ! on part !

Laripète, tiède encore des baisers de son épouse, se rua, comme la foudre, s'étant alangui à la douceur des caresses, dans le dernier compartiment demeuré ouvert, la machine commençant déjà à siffler.

Eh bien ! il avait de la chance ! Un seul voyageur était dans le wagon qu'il venait d'envahir, un homme blotti dans le coin le plus éloigné et qui lui jetait un mauvais regard.

— Sapristi ! pensa l'ex-commandant (cocumandant, comme on l'appelait au régiment), ma femme aurait joliment fait de me recommander moins de choses et de ne pas me mettre dans un tel rotard. Je tombe justement dans le guêpier dont elle a voulu me prévenir. Ce quidam a de peu rassurantes façons.

Et il contempla, en dessous, son compagnon. La mise en était absolument correcte — mais les assassins s'habillent aujourd'hui comme de parfaits gentlemen. Plusieurs journaux viennent de remarquer que, bien que simple ouvrier en bâtiments, l'effroyable Grégoire avait une jaquette qui lui allait à ravir.

L'homme que cette inspection incommodait, sans doute, ramena son chapeau mou sur son visage. Laripète en fit immédiatement autant. Tous les assassins ne sont pas de vulgaires voleurs. Quelques-uns sont des ambitieux. Les journaux illustrés venaient de publier sa photographie, à Lui, Laripète, à propos de sa nomination. Qui sait si cet inconnu n'était pas capable de tout pour lui chipper sa place, en même temps que ses papiers !

Et la locomotive faisait hou ! hou ! hou ! parfaitement indifférente aux méditations des voyageurs.

La mimique devient plus expressive entre eux. Laripète ayant plongé sa main dans la poche de son paletot pour y prendre un cigare, l'inconnu répète le même geste. « Il prend son revolver », pensa Laripète, et, renonçant à fumer, il étendit la dextre sur le sien. A ce moment même, une escarbille entra par la fenêtre ouverte et lui mit au nez une brûlante démangeaison. N'osant désarmer sa main droite, il se gratta le nez de la gauche, pendant que son voisin se passait le petit doigt de la même main dans l'oreille, en secouant la tête.

Un instant après, Laripète songea : — Ma femme a eu grand tort de me verser, avant mon départ, un verre de ce petit vin du Rhin qui, prophétiquement et, par à peu près, s'appelle : *Pisporter !*

Il se sentait, en effet, dans une de ces dispositions d'esprit où l'on donnerait le trône d'Occident pour un joli petit coin de verdure isolé dans un bois. Entre hommes, on ne se gêne pas, d'ordinaire. Mais en face d'un assassin ! Ces gens-là n'ont aucune délicatesse et vous frappent parfaitement leurs victimes sans défense, dans des conditions où un Turc lui-même épargnerait un Grec, ou un Arabe d'Oran, un juif. Ce n'est pas le moment de crier, comme ce héros antique : « Frappe, mais écoute ! » Le malheureux souffrait mille tortures quasi intestines. Tout en se tordant, il crut remarquer que son ennemi n'était pas, non plus, fort à son aise.

— Eux aussi, les canailles, ont donc de ces choses-là ! A moins que ce drôle ne m'imite pour se moquer de moi !

Et la locomotive faisait toujours : hou ! hou ! hou ! et le paysage fuyant était rayé, çà et là, de belles clartés lunaires coupées de grandes ombres, ce qui lui donnait un aspect tout à fait fantastique. La ligne ferrée était doublée d'un précipice de chaque côté. Laripète jeta un regard anxieux sur le gouffre. L'inconnu en fit autant de son côté.

— Attention ! Il choisit un endroit pour me jeter, par la fenêtre, dans l'Infini !

Cette réflexion leur fut, sans doute, commune, car chacun d'eux, serrant de plus près son pistolet à six coups, l'éleva jusqu'au niveau de l'ouverture de la poche. A ce moment, la marche du train se ralentit et l'approche d'une station devint manifeste.

— Sauvé ! pensa l'ex-commandant... Comme je vais changer de voiture !

L'Inconnu se contenta d'exhaler un large soupir de soulagement.

Descendre !... Inutile, mon Dieu ! Deux nouveaux voyageurs montaient dans le compartiment, interrompant ce tête-à-tête plein d'angoisses. Un jeune homme, et une jeune femme ! On ne pouvait souhaiter vraiment plus aimable et plus rassurante compagnie. Mais, adieu l'espoir de fumer une cigarette ! Comme toute médaille a son revers !

Les derniers venus, sans même les regarder, se sont assis l'un près de l'autre. C'est toujours une diversion agréable que l'entrée d'une jolie femme dans un compartiment. Après en avoir subi, comme tout le monde, l'impression charmante, Laripète rentra dans l'ordre d'idées qui l'avait absorbé jusque-là, et, prenant un air narquois, il commença à contempler, non plus en dessous, mais bien en face, son ancien compagnon, et de la façon d'un homme qui dit à un autre : « Ah ! ah ! sacripant ! ton coup est manqué ! et je me fiche pas mal de toi, maintenant ! » De son côté, l'étranger prit une physionomie moqueuse, dont le sens était, à ne pas s'y tromper : « Ah ! ah ! gibier de potence, tu en es pour tes frais et je me moque de ton revolver, maintenant. »

Ainsi échangeaient-ils des signes d'intelligence.

Le jeune homme les vit et murmura deux mots tout bas à l'oreille de sa voisine. En même temps, ils se séparèrent l'un de l'autre et prirent l'attitude compassée de gens qui se connaissent à peine. Et plus un mot ne fut dit dans le compartiment qui était déjà muet depuis le départ. Mais la jeune femme semblait anxieuse et le jeune homme jetait, de temps en temps, un regard de mépris hautain sur Laripète et sur l'autre : un regard où se lisait : « Eh bien ! messieurs, vous faites là un joli métier ! »

Et la locomotive ralentissait ses hou ! hou ! hou ! On approchait, pour Laripète, du point d'arrivée. Son compagnon mystérieux descendit, en même temps que lui. « Ah ça ! pensa l'ex-commandant, est-ce que ça va recommencer ? » Mais il fut rassuré vite par la considération dont l'homme semblait jouir dans un pays où il était certainement connu. Les amoureux, eux, délivrés d'un cauchemar, s'étaient jetés éperdument dans les bras l'un de l'autre et le train avait emporté leur tendresse rassurée.

Comme ils dînaient maintenant, côte à côte, dans le meilleur hôtel de la ville, Laripète dit avec une rondeur toute militaire à son compagnon : « — Toutes mes excuses, monsieur, car je me suis trompé certainement sur votre compte. — Et moi aussi, cher monsieur, j'ai certainement fait erreur en vous jugeant. — Vous avouez donc que vous m'avez pris pour un assassin de profession ? — Hélas ! mais vous ?

— Moi aussi ! » — Et, tous les deux se riaient, d'un bon rire, au nez l'un de l'autre. « — Voici ma carte, cher monsieur. — Et voici la mienne. — Mon prédécesseur ! s'écria Laripète en lisant le nom de l'étranger que le *Journal officiel* lui avait appris. — Mon successeur !... » Et les deux préfets, dont l'autre avait de l'avancement, tombèrent dans les bras l'un de l'autre, et ce fut un tableau si touchant qu'un garde champêtre en eût pleuré.

— Et l'esprit du département, cher collègue ? demanda Laripète à son confrère, avec quelque solennité.

— Excellent, répondit celui-ci. Population tranquille, société de choix, mœurs patriarcales. Il n'y a que les étrangers à la région, les voyageurs de Paris surtout, dont il faut se méfier énormément.

— Je l'avais deviné tout de suite, lui répliqua imperturbablement Laripète.

LE FACTEUR

LE FACTEUR

Sur la route, très blanche à midi, mais où ses pas soulevaient, au petit matin, des poussières vaguement roses, bordée d'un double ruisseau où les clartés aurorales ouvraient de petites veines de sang, entre deux haies d'aubépines dont les premiers souffles du jour secouaient des envolées de passereaux, les prés, ponctués de crocus et d'hyacinthes, étincelants de rosée par delà, dans l'embaumement des feuillages rafraîchis par la nuit — même devant que l'*Angelus* tintât au clocher de la petite ville qu'il venait de quitter — le facteur Cyrille commençait sa tournée, laquelle desservait, outre quelques bourgs clairsemés dans la longue plaine dont l'horizon lointain seulement se fermait de collines, les châteaux et les propriétés bourgeoises foisonnant dans le pays et habitées tout l'été. C'était un petit homme grisonnant, à la face rougeaude, où deux petits yeux noirs perçaient des trous, très courageux à son rude travail — d'autant qu'il avait toute une maisonnée à nourrir — aimant à rire toutefois, tant il était philosophe, ne dédaignant pas, dans sa longue course, un coup de bon vin à boire, et mieux vu des honnêtes dames de la région que de leurs maris, parce qu'il avait la renommée de se prêter, avec autant de complaisance que d'adresse, à l'échange des correspondances occultes, lesquelles tiennent une place considérable dans les occupations des belles personnes en villégiature plus ou moins forcée. La vérité est que le pauvre diable ne faisait pas fi des menus bénéfices de son métier et qu'il avait, en effet, le long de son parcours, quelques clientes fidèles et généreuses auxquelles il remettait sournoisement leurs lettres et dont il prenait dextrement les réponses pour les jeter à la poste à son retour. Un petit coin de sa boîte en cuir poudreuse, séparée du reste, était spécialement affecté à ces épîtres de contrebande qu'il y classait méthodiquement à leur réception. Une des plus constantes et des plus jolies, parmi ces abonnées clandestines, était certainement madame Dodignac, la femme du député, et peu de jours se passaient sans que Cyrille reçût chez elle la commission et le pourboire accoutumés. Aussi l'avait-il en absolue vénération, tandis que, volontiers, il regardait comme des drôlesses celles qui ne l'occupaient que plus rarement. Toujours les mêmes d'ailleurs, et le facteur savait à quoi s'en tenir sur la vertu des châtelaines et propriétaires moins ambitieuses des environs.

Ce matin-là, cependant, Cyrille avait eu une surprise. S'il était une personne dont on n'eût jamais jasé dans le pays et qui y eût, à peu près, la réputation d'une sainte, tant elle y semblait de vie édifiante et y était de réelle charité, c'était assurément madame la comtesse d'Estange, dont le mari, d'ailleurs jeune et séduisant, méritait, de tous points, une épouse fidèle. Jamais il ne l'avait, lui-même, aperçue que de loin, dans l'aristocratique prestige de ses toilettes simples et édifiantes, et telle une madone passant dans des vapeurs d'apothéose. Quel étonnement ça lui avait donc été d'en avoir été mandé dans un coin du parc et d'en avoir reçu, d'une main très blanche et qui tremblait légèrement, une lettre pour la ville, puis quelques louis, ce pendant qu'une voix très émue lui recommandait la discrétion. Et je vous prie de croire que la comtesse était plus charmante que jamais, dans son demi-déshabillé matinal, — pudique toutefois, — ses cheveux blonds mal ramassés débordant sa nuque aux frisons d'or et son beau sein battant sous les plis ramenés, ayant, dans les yeux, toutes les finesses d'azur du ciel plein d'aube, et aux lèvres toutes les fraîcheurs qu'à toutes les fleurs met la rosée. Cyrille, libre-penseur, sceptique et incorruptible républicain, comme il convient à un bon fonctionnaire, éprouva de cette révélation une joie patriotique et méchante. Les voilà bien les grandes dames de l'ancienne noblesse et qui font les mijaurées et les bigotes ! Et il murmura sourdement : « Coquine ! » tout en glissant les louis dans sa poche avec un soin tout à fait dévot. Puis, il se remit en route, plus imbu que jamais de la splendeur des droits de l'homme, prit au passage la correspondance de madame Dodignac, de quelques autres encore, ce pendant que le soleil, sorti des plis de son rouge manteau, criblait du feu de ses aiguillons, obliques encore, les collines subitement dorées, les forêts soudain étincelantes, et les chemins où s'alourdissaient les pas, comme si la chaleur naissante y pesait déjà aux épaules.

Tout à coup, M. le député Dodignac, grand, sec, anguleux, courge parlementaire et tourmentée plantée au haut d'une trique électorale, se dressa devant lui, projetant une ombre droite et nette comme un I sur le mur éclatant de blancheur de l'auberge du *Lapin rouge*, tenue par

Miroulet, toute proche, avec son bouquet de menues branches mortes accroché à l'enseigne immobile dans la sérénité de l'air. Avec un sourire qui grimaçait, l'élu de son arrondissement, d'ordinaire assez pingre, proposa, au facteur surpris pour la seconde fois du jour, une bouteille de vin de Villandrie, lequel est renommé dans tout le Languedoc, où se passe cette histoire. Cyrille accepta avec plaisir, ayant très chaud et se trouvant un peu las, inquiet toutefois vaguement, et se remémorant, pour se rassurer sur cet événement imprévu, qu'il y avait trois ans déjà l'intègre Dediguac lui en avait payé une pareille pour acheter sa voix, laquelle il avait, lui, Cyrille, consciencieusement donnée à un autre, après avoir bu la bouteille, comme doit faire un citoyen qui s'achète, mais qui ne se vend pas. Quand ils furent dans un coin très solitaire de l'auberge, vide d'ailleurs à cette heure peu avancée, ce qui y rendait plus sonore l'innombrable bourdonnement des mouches s'abattant sur les meubles de bois blanc en petites taches noires et frémissantes, le député, muet d'abord, versa plusieurs coups de vin successifs à Cyrille, qui les lapa glorieusement. Après quoi, il l'engagea à déposer sa boîte sur la table et lui donna une commission à faire quelques maisons plus loin. Mais le facteur, astucieux, devina le piège et repassa sa bandoulière avant de s'éloigner. Alors, M. Dodignac, qui, ayant, plusieurs fois déjà, à demi surpris le manège matinal et épistolaire de sa femme, tenait, ce jour-là, à en avoir le cœur net, abjura la diplomatie européenne, laquelle nous fait cependant tant d'honneur en ce moment, et jeta bas le masque.

— Donne-moi la lettre que madame Dodignac vient de te remettre, dit-il brutalement au facteur interdit, qui commença à nier en bredouillant.

— Donne-la-moi à l'instant ou tu seras destitué demain.

L'argument était vigoureux et il est de ceux qui continuent à entretenir la dignité de nos mœurs politiques.

Cyrille avait femme et enfants, et il ne lui manquait plus que trois ans pour sa retraite. Il vit, non pas rouge, mais obscur dans son âme. L'orgueil du secret professionnel y abdiqua dans une ombre épaisse tout à coup voilant sa conscience. Plongeant, dans le sanctuaire de sa boîte, ses doigts gourds et que la terreur rendait maladroits, il obéit sans avoir l'air de savoir ce qu'il faisait et les yeux subitement ternes, comme s'il avait peur de rencontrer, dans une glace, son propre regard et de se faire honte à soi-même. Trop impatient pour attendre un instant de plus, le député brisa le cachet, non sans avoir lu l'adresse avec autant d'avidité que d'ironie. Car la perfide avait pensé à tout. Elle avait déguisé son écriture! Une fois la lettre ouverte, il courut à la signature. Même précaution : signature parfaitement illisible pour tout autre que celui qui savait! Et il commença à lire; et le facteur, ayant repris quelque peu ses sens, sans en être moins angoissé pour cela — car madame la députée aussi pouvait le faire destituer pour sa trahison! — le regarda, avec terreur d'abord, puis avec un rassérènement croissant. M. Dodignac, qui avait commencé d'abord par froncer le sourcil à en rebrousser l'accent circonflexe, avait pris subitement un air béat, et maintenant il souriait, attendri, avec de grosses larmes de plaisir, le diable m'emporte! dans les yeux, si bien qu'on eût dit un gourmet éperdu devant la carte d'un déjeuner sardanapalesque. Puis il éclata bruyamment en gaieté sonore, chantant en même temps qu'il riait à en pleurer, ce qui est difficile à un homme ordinaire, mais aisé à un politicien habitué aux palinodies de son état. Après quoi, il embrassa Cyrille à l'étouffer et fit monter une seconde bouteille de Villandric, mais qu'il but lui-même, celle-là, au nez du facteur désappointé, tant il se sentait joyeux!

Quand ils se furent quittés, au détour du chemin, Cyrille, toujours abasourdi, fit l'inspection de sa boîte et se contenta de grommeler entre ses dents :

— Ah ! nom d'un chien !

Le Dodignac, lui, rentra en courant, non sans avoir cueilli en chemin des fleurettes pour sa femme — je vous dis que nos hommes d'État savent tout faire à la fois ! — madame Dodignac ne fut pas moins ahurie que l'avait été Cyrille en le recevant dans ses bras, d'où il se laissa couler à ses pieds en une pose suppliante et baisant le bas de son peignoir comme pour lui demander pardon. Ce fut une scène tout à fait touchante et conjugale, dont la pauvre femme eut grand'peine à empêcher les ultimes et logiques épanchements. La joie de M. Dodignac était toute naturelle, pour être excessive. La lettre qu'il avait lue n'ordonnait-elle pas à un galant opportun de cesser ses poursuites inutiles avec menaces de prévenir l'époux ! Seulement elle était de madame d'Estange et non de sa femme. Dans son trouble, le facteur s'était trompé. Mais M. Dodignac n'en sut rien jamais, et la paix refleurit dans le ménage où la jalousie avait failli tout gâter. D'autre part, le correspondant inconnu de madame la comtesse prit son silence pour un congé aussi éloquent qu'une épître. L'amoureux de madame Dodignac reçut fidèlement sa lettre. Cyrille avait reçu quelques louis et bu une bonne bouteille. Tout était pour le mieux dans le meilleur des mondes adultères. Tout ce bien était venu de la résolution héroïque qu'avait prise M. Dodignac. Tant il est vrai que, dans leur ménage comme dans l'État, les hommes d'énergie sont les seuls hommes de gouvernement.

EUSTACHE

EUSTACHE

Quand l'oncle Eustache, comme l'appelait, à Paris, son neveu Anselme Mirevent, apprit, en son bourg de Cocumont (Lot-et-Garonne), — je n'exagère pas et vous trouverez le nom dans le Dictionnaire des Communes — que ledit Anselme s'allait marier et qu'il le prierait à sa noce, il tressaillit d'aise, bien moins à la pensée d'avoir des petits-neveux qu'à celle de venir à Paris, qu'il n'avait jamais vu. C'était un homme simple qui n'avait pas quitté son département, et qui y avait pris toutes sortes de petites manies de vieux. Ayant quelque bien, comme vous l'avez certainement deviné à l'attention que lui témoignait son jeune parent, il vivait en petit rentier curieux de toutes les inventions à sa portée. J'entends qu'il ne cherchait pas la quadrature du cercle, mais s'intéressait vivement, par exemple, à la façon de boucher les bouteilles suivant telle ou telle méthode, ayant été tout à fait vigneron et quelque peu tonnelier. Tout procédé nouveau, pour la solution de ce problème, le passionnait absolument. Il rêvait bouchons, maillets, mécaniques à clore hermétiquement les goulots. Ce n'était pas un goût dangereux pour la société et il n'en était pas moins estimé des joueurs de manille qui faisaient sa seule compagnie.

Quand l'invitation officielle arriva, l'oncle Eustache s'était déjà approvisionné, par avance, de vêtements dont il avait confié la coupe au meilleur tailleur d'Agen qui, lui-même, avait copié les plus récents modèles venus de Paris. Il n'en avait pas moins l'air provincial comme un pruneau, et le ton brun foncé qu'il avait choisi pour la couleur de son complet achevait la ressemblance, qui n'a rien de désobligeant, d'ailleurs, puisque les pruneaux d'Agen sont réputés dans le monde entier. Anselme, qui l'attendait à la gare, eut beaucoup de peine à ne pas pouffer de rire en le voyant. Mais le souci des espérances de fortune qu'il avait placées sur cette tête avonculaire le retint. Il complimenta même l'oncle Eustache sur l'élégance et le bon ton de sa tenue.

Mademoiselle Irène Piédelapin, qui allait devenir madame Mirevent, et à qui son futur avait fait la leçon, fit de même. Le bonhomme lui répondit par des choses également aimables, mais mieux justifiées. Car Irène était une jolie fille, comme on les fait à Montmartre pour le bonheur de nombreux artistes et de quelques époux, avec une tête gamine embroussaillée d'une copieuse chevelure et un corps de noblesse tout antique, presque sculpturale, qui eût augmenté encore les regrets naturels d'un manchot. Elle n'avait pas précisément d'esprit, mais bavardait en montrant de si jolies dents, et à travers un si malicieux sourire, qu'on ne pensait pas à lui en demander davantage. Le brave Cocumontais put donc louer tous ses charmes avec conviction, et sans aucun soupçon d'exagération méridionale. « Notre affaire est dans le sac et nous en hériterons, dit tout bas le fiancé à sa future femme ; tu as fait sa conquête! » Pensée à la fois délicate et d'une piété toute familiale.

Pendant les jours qui précédèrent le mariage, on montra tout Paris à l'oncle Eustache, qui y fit plusieurs remarques d'une subtilité ingénieuse, par exemple sur nos vespasiennes qui sont absolument incommodes pour leur usage apparent, mais qui, en cas d'émeute, permettent à la troupe de tirer sur les passants sans recevoir, elle-même, de coups ; et aussi sur l'application qui pourrait être faite de la coupole du Val-de-Grâce pour la conservation des fromages, en cas d'un siége nouveau ; et encore sur la nécessité d'une petite ornementation, dans le goût de l'Alhambra, de notre Morgue, laquelle n'a vraiment rien d'espagnol. Son idée générale était, d'ailleurs, d'égayer tous les monuments, de dessiner quelques brioches sur le four crématoire du Père-Lachaise, d'habiller en Pierrot le directeur de l'Odéon et de mettre un grand pompon au bout de l'obélisque. Il donna aussi son avis sur les travaux de l'Exposition prochaine et émit le vœu qu'on n'y sacrifiât pas l'agréable à l'utile, ayant l'intention d'y venir faire la noce, comme tous les provinciaux, d'ailleurs, et aussi tous les étrangers. Car, il ne faut pas comprendre autrement ces grandes solennités internationales, que comme une occasion gigantesque d'agapes et de rigolades cosmopolites. Un seul coin de la grande cité ne fut pas révélé à l'oncle Eustache : le Bois de Boulogne, dont on voulait lui garder la surprise le jour de la noce. Car vous pensez bien qu'Irène n'eût pas souffert qu'elle se passât ailleurs. C'est de tradition faubourienne, au moins dans les faubourgs aisés. On fait un déjeuner dînatoire, auprès de la porte, en deçà ou au delà, puis, on se promène dans les allées et on termine par un tour au Jardin d'Acclimatation.

C'est aussi convenu que le menu même du déjeuner qui n'a pas varié depuis que le Sénat romain a décidé que le turbot se devait manger à la sauce blanche, et que le poulet se fait appeler M. de la Bresse.

L'oncle Eustache se trouvait, bien entendu, à ce repas, qui lui fit regretter avec raison le cassoulet national, auprès de sa nièce par alliance. Il trouva le turbot fade et le poulet sans goût, mais il s'en consola en glissant d'obliques regards dans le corsage merveilleusement meublé de sa voisine et en lui effleurant doucement le genou sous la table, pour lui bien apprendre qu'il n'était pas un oncle cérémonieux. Toute son attention était donc absorbée par ces deux occupations familiales, quand un événement, joyeusement accueilli d'ailleurs par tout le monde, la captiva, tout entière, à son tour. On apportait le champagne, ce champagne particulier aussi aux menus matrimoniaux et dont Epernay est bien innocent. Or, toujours, au fond, dominé par le modeste rêve de son génie, l'oncle Eustache remarqua qu'à chaque bouteille, le long du goulot et au-dessous de la robe métallique d'or ou d'argent, suivant la carte dont le bouchon était revêtu, pendait une petite médaille. — « Bon ! se dit-il. C'est un champagne primé à quelque glorieux concours, et voilà qui est de bon augure. » Mais sa stupéfaction augmenta quand il vit les garçons, au lieu de couper laborieusement les fils de fer, suivant l'antique méthode, tirer simplement, à eux, de bas en haut, cette effigie, et : Poum ! le bouchon, décapuchonné d'un coup, bondir immédiatement dans un frémissement de mousse, tandis que la capsule déchirée pendait à des liens détendus. « Nom d'un chien ! pensa-t-il, il faut que je trouve le secret sans le demander à personne. » Et il pria qu'on le laissât déboucher, à son tour, une bouteille. Mais, ignorant le petit coup de main donné par l'habitude, il arracha la médaille, et ce fut ensuite une terrible affaire pour délivrer le bouchon. Il sollicita une nouvelle épreuve et n'y fut pas moins maladroit. On commençait à rire de lui, et il renonça à l'expérience avec d'autant moins de mérite qu'Anselme, naturellement économe, avait fait signe qu'on arrêtât les frais. Mais le pauvre homme était maintenant l'objet d'une véritable obsession, possédé d'une tentation invincible. Sa manie ordinaire s'exaspérait à ce problème inattendu, soudain dressé devant elle. Il ne pourrait plus vivre sans savoir ce que son amour-propre se refusait à demander.

C'est pour cela, et aussi parce qu'un commencement d'ébriété causée par les vins précédents lui cassait les jambes, qu'il demanda la permission de ne pas suivre le cortège dans sa promenade au Bois. On le reprendrait au retour. D'ici là, pensait-il, il aurait peut-être trouvé, et il s'enfonça dans une rêverie mélancolique, anxieuse, et que traversaient les fumées des bourgognes et des bordeaux, dont Ivry est la vraie patrie. Il manquait, cependant, un joli spectacle, en ne suivant pas la noce, où les mômes crus avaient fait d'authentiques ravages, et qui ondulait entre les bordures trop étroites des plus larges allées, avec un cliquetis familier de refrains bachiques et de menus hoquets. La jeune mariée était particulièrement paffe, comme on dit à Montmartre. Elle accrocha, en gambadant autour du lac, sa robe blanche, manqua de son pied mignon chaussé de satin, et pirouetta légèrement dans l'eau.

Ce fut une clameur terrible sur la rive ; et, dans l'onde, un effarement formidable de canards domestiques. Un cri d'admiration succéda subitement à ce vacarme. Anselme s'était précipité dans les flots et en ramenait Irène à demi évanouie, au milieu des bravos des badauds. Il eut cette bonne fortune que M. le Préfet de police passait justement par là. Ces hauts fonctionnaires ont toujours des bottes de récompenses dans leurs gilets. Celui-ci, jugeant qu'on ne saurait trop encourager un mari à sauver sa femme, et que nul acte ne saurait être plus méritoire, sauf celui, cependant, de sauver sa belle-mère, donna l'accolade au vaillant époux et lui posa, lui-même, sur la poitrine, un beau ruban tricolore auquel pendait une large médaille d'or. Mais on était mouillé comme les canards eux-mêmes et il fallait rentrer vite, sans oublier toutefois de reprendre l'oncle Eustache au restaurant.

Quand Anselme, triomphant, y fit son entrée, le vieux rêvait justement qu'on apportait une nouvelle bouteille de champagne. Subitement réveillé, il ne vit que la médaille d'or sur la poitrine de son neveu, qu'il prit pour cette bouteille monstrueusement agrandie. Crac ! il sauta dessus, empoigna la médaille, la tira de bas en haut de toute sa force. Cette fois ci, le brave Anselme, ayant perdu dans cet assaut fortuit tout sentiment des convenances, un : Poum! formidable, sorti de son pantalon, couronna l'effort de l'oncle Eustache, qui, fou de joie, s'écria : « Enfin, ça y est! »

Et, maintenant, mes excuses. C'est pour une fois.

LES DEUX CONTEURS

LES DEUX CONTEURS

C'est pour vous que j'écris ce conte léger, ô mes frères languedociens qui aimez tant faire rire par vos récits sans façons, et aussi pour vous, braves gens de tous les points du territoire qui estimez qu'un peu de sel gaulois est un assaisonnement trop rare aujourd'hui, vous remémorant que nos aïeux, plus honnêtes que nous, ne l'épargnaient pas dans leur cuisine, et qu'un peu de gaieté franche nous rend meilleurs.

Mais d'abord un point de psychologie méridionale. Qui, diable ! a dit que les Gascons étaient menteurs? Mentir, c'est raconter un fait contraire à la vérité, dans l'intention de tromper, c'est-à-dire de le faire croire. Jamais un vrai Gascon n'a eu cette préoccupation mesquine. Ce qu'il dit n'est pas souvent conforme à la réalité, mais il ne vous croit pas assez bête pour y ajouter foi. Il se donne du mal pour vous amuser et non pour vous instruire. Vous lui devez de l'écouter avec politesse et la politesse consiste, dans ce cas, à n'avoir pas l'air de douter de ce qu'on vous narre. La poésie n'a pas d'autre origine parmi les hommes. Croyez-vous que ceux qui écoutaient le sublime aveugle prirent l'Iliade pour un évangile ? N'allons pas rabaisser, par de stupides soucis de la vérité, cette noble faculté de l'imagination qui nous est une immortelle consolatrice dans les tristesses de la vie et qui a enfanté les plus durables chefs-d'œuvre de l'esprit humain. Notre rêve sous les cieux ne vit-il pas d'un mensonge éternel ? J'ai dit.

Donc, ce jour-là, le soleil déclinant déjà, un soleil d'automne, comme ceux-ci, mourant dans un brouillard rouge mouillé d'or aux franges occidentales, Toulouse éparpillant, sur les boulevards et dans les carrefours, sa sonore paresse, je m'étais assis à la terrasse d'Albrighi, où tant de belles heures de jeunesse m'ont versé leur rêverie dans la fortifiante fumée des cassoulets, ayant pour voisin de table le fameux Peyrolade, qui est célèbre par sa verve de narrateur, mais qui dédaignait absolument de l'exercer à mon profit. Peyrolade se méfie de moi parce que j'ai trop longtemps habité Paris. Il lui faut des Toulousains purs pour s'abandonner à son invention. L'air faussement crédule, en l'écoutant, de ceux-ci, l'encourage et lui donne du toupet. N'ayant à son flanc qu'un auditeur sans valeur, il fumait silencieusement sa pipe, dans le brouhaha des dominos qu'on remuait, derrière nous, sur les tables de marbre, et dans la clameur des joueurs de manille s'injuriant comme il convient. Moi-même, j'éteignais progressivement, sous une cascade de perles d'eau pure, l'émeraude d'une absinthe où les flammes obliques du couchant mettaient, dans la transparence du verre, des lames de nacre et des opales roses. Tout à coup, très bruyant, même sans rien dire encore, une plume de perdrix au chapeau, apparut et s'approcha de nous le célèbre Cucurou, non moins illustre comme conteur que Peyrolade, en un appareil cynégétique imposant, la gibecière lourde sur l'échine où de petites plumes voletaient, la cartouchière passée sur les reins à la cosaque, et un fusil aux canons fraîchement flambés qu'il posa entre ses guêtres poudreuses, en s'asseyant. Sa chaise allait frôler celle de Peyrolade. C'était un véritable défi, un Gascon qui revient de la chasse en valant deux comme intensité mensongère, et je devinai bien vite, en me frottant les mains sournoisement, que j'allais assister à un de ces tournois de blagues effroyables et de véhémentes impostures qui sont l'honneur de notre terre ensoleillée.

Après le : Eh ! adieu ! traditionnel échangé et la main vigoureusement secouée, ce fut Cucurou qui ouvrit le feu (jamais le mot ne fut plus en situation) et commença à peu près ainsi :

— Imagine-toi, Peyrolade, que je n'étais pas encore à cent pas des dernières maisons de la Croix-Daurade quand j'aperçus une superbe compagnie de perdreaux. Lentement, elle se leva à mon approche et s'en vint se remiser dans le ramier le plus proche. Je modérai l'ardeur de mon chien d'un bon coup de pied dans les naseaux, m'avançai sans bruit et, quand elle reprit son vol : Pan ! pan ! j'en abattis deux !

Peyrolade approuva avec conviction. Mais lui-même avait quelque chose à conter, avant que Cucurou reprît son récit. Car nos conteurs gascons ont gardé l'usage bucolique des bergers virgiliens qui alternent toujours, dans leurs poétiques entretiens. Or, je ne vous ai pas dit encore que Peyrolade avait de grandes prétentions en amour et se faisait passer, soi-même, pour un Don Juan, sans faire grand tort, pour cela, à la morale publique. Je ne fus donc pas surpris en l'entendant répliquer ainsi :

— Imagine-toi, Cucurou, qu'en passant, vers

dix heures, ce matin, dans la rue Cantegril, je rencontrai la plus délicieuse fille que j'aie vue de ma vie. Une bouche grande comme ceci, les yeux long comme cela (et il mesurait sur son doigt en ayant l'air de chercher la précision métrique), une gorge qui poignardait le ciel, une taille que j'aurais tenue entre mes mains, avec une chevelure noire si lourde qu'elle en penchait la tête en marchant, et des pieds si petits qu'elle était obligée de viser les cailloux pour les y poser. Un air candide en outre, et je ne sais quoi d'imposant. Oh! je vis tout de suite que ce serait difficile. Néanmoins, je commençai le siége ambulant en m'acharnant à sa poursuite. Elle me traita fort mal d'abord ; puis se radoucit, puis consentit à déjeuner avec moi au bord de la Garonne...

— Eh bé! interrompit Cucurou, qui était impatient de reprendre sa narration.

— Eh bé! répliqua avec une modestie charmante, mêlée d'un certain contentement intérieur, Peyrolade, je ne fus pas plus maladroit que toi.

— La compagnie, reprit Cucurou, voyant qu'elle avait affaire à forte partie, descendit, sans que je la perdisse de vue, dans le sens du fleuve. Elle prenait sensiblement le chemin de cette délicieuse propriété des Moines dont la terrasse domine tout le paysage, où les roses semblent teintes d'un sang héroïque, et dont les raisins ne sont pas moins renommés que ceux de Chaneau. Là, en effet, sont des bouquets d'arbres offrant un perchoir opaque aux perdreaux. Mais j'étais là presque en même temps qu'eux. Un vent léger fit envoler à point un bouquet de feuilles dans un frémissement d'or, découvrant les fugitifs. J'ajustai à peine et : Pan ! pan ! j'en abattis deux.

— Mes compliments ! fit Peyrolade avec une visible indifférence. Mais c'était décidément, pour moi, le jour des aventures galantes. Je m'étais attardé, vers trois heures, au cloître du musée, quand j'aperçus, parmi les visiteurs, étrangers certainement à notre cité palladienne, une admirable jeune fille blonde avec des yeux bleus comme des turquoises, et des dents blanches comme l'écume d'un gave jaillie au cœur d'une rose sauvage. Ses parents et elle s'entretenaient dans une langue que je ne comprenais pas. Je ne m'en offris pas moins à leur servir de cicerone. Ils eurent la naïveté d'accepter. Pendant que les vieux marchaient devant, je parlais, des yeux, à la jeune fille. Elle m'exprima, par pantomime, que les hommes du Midi lui plaisaient infiniment. Je sus bien vite l'hôtel où étaient descendus ces Occidentaux. J'y fis une visite et un hasard heureux m'y fit rencontrer seule la belle inconnue...

— Eh bé? demanda Cucurou pour en finir.
— Eh bé! répondit Peyrolade, je ne fus pas encore plus maladroit que toi.

Et il eut un sourire de fatuité qui eût mérité une paire de bonnes gifles.

— Mes sacrés perdreaux, reprit impétueusement Cucurou, se reformèrent encore. Ils traversèrent la Garonne pour me fuir. Mais un batelier était là qui fit force de rames et me conduisit à l'autre rive, à travers les jolis îlots boisés qui font, là, l'enchantement du fleuve et donnent à ses sables comme un bruit lointain de grève battue par la mer. Un bouquet de hêtres se dressait là, comme un pompon de verdure jaunie, d'une verdure où des coulées fauves de rouille traversaient les tonalités sombres du bronze. Mes gaillards étaient certainement là. J'armai mon fusil...

— Et : Pan! pan! tu en abattis deux, interrompit brusquement Peyrolade qui trouvait la plaisanterie un peu longue.

Mais Cucurou l'arrêtant, avec un air d'autorité blessée :

— Non! monsieur Peyrolade. Pan! seulement, c'était un lièvre.

Et il ajouta d'un ton gouailleur :

— Et toi ? ta troisième aventure ?

— Té! toujours comme toi, fit Peyrolade. C'était ma femme.

L'INCORRIGIBLE

L'INCORRIGIBLE

Mon ami Ventejoul, qui me ressemblait à ce point que, sur les allées Lafayette, en notre bonne cité toulousaine, les mauvais plaisants l'appelaient mon *alter magot*, n'était point sans une certaine communauté de goûts avec moi, laquelle ajoutait à la similitude physique une sorte de parenté morale. Morale! Le mot est peut-être un peu ambitieux pour exprimer qu'il partageait mon admiration pour les dames bien pourvues de Beauséant, si j'ose m'exprimer en ce langage chevaleresque. Nous autres, des générations anciennes, nous étions volontiers lunatiques. Il nous plaisait que la beauté à qui s'adressaient nos hommages pût copieusement s'asseoir pour en moins supporter le poids. Nous étendions à la

Femme l'horreur de tout esprit sincère pour ce qui est dénué de fondement. Je sais que les temps ont changé. La Vénus anapyge triomphe aujourd'hui, dans l'élégance exagérée de ses formes moins désespérantes pour les manchots. C'est un idéal nouveau qui, tout naturellement, nous échappe. On nous assure, à mon ami Ventejoul et à moi, que l'âge nous convertira à ces gracilités savoureuses. Ainsi, quand le Temps nous hâte, du fouet de son aile, tous nos rêves s'en vont vers le néant! En attendant, au temps dont je vous parle, Ventejoul était carrément récalcitrant.

Et, comme il avait beaucoup de rondeur dans les façons et de franchise dans les envolées, il affirmait ses prédilections avec une ardeur en contradiction avec une éducation parfaite, suivant ostensiblement et avec un intérêt scandaleux, dans les rues, les personnes en qui se résumait sa charnelle chimère, leur exprimant à haute voix son admiration par des exclamations incongrues et s'oubliait jusqu'à les tutoyer, du bout des doigts, sur la rondeur tendue de leurs jupes si elles ne prenaient garde à ses malséantes familiarités. Il n'était guère plus discret dans les soirées mondaines, où on le recevait encore, et ses valseuses ne tardaient pas à sentir descendre sa main, au-dessous de leur taille, beaucoup plus bas qu'il ne convient. Tout cela n'était pas pour lui attirer une considération énorme dans les environs du Capitole. Les grosses dames, seules, le défendaient dans les salons. Et puis, vous savez, c'est un bon garçon que Ventejoul, presque aussi bon garçon que moi qui ne le giflai pas quand il traduisait ainsi, sur nos bancs de collège, un célèbre vers virgilien :

Tenui : « j'ai tenu » *Sylvestrem* : « Silvestre » *musam* : « par le museau » *meditaris* : « pour lui faire manger » *avenâ* : « de l'avoine » ce qui ne saurait manquer d'épouvanter le bon latiniste Faguet.

Et maintenant, comment Ventejoul — il y a quelques mois de cela — semblable au fier Sicambre, en vint-il à brûler tout ce qu'il avait adoré (c'est une figure ou jamais) et à adorer ce qu'il avait brûlé? c'est par un de ces illogismes inouïs dont est pleine l'histoire de l'amour. En voilà un qui se fiche de nos théories même plastiques! Mademoiselle Octavie Pétrouminel était, je ne dirai pas l'antipode (le mot pied n'a rien à faire ici, et il s'agit d'une autre partie du corps féminin) de tout ce qu'il semblait avoir jusque-là rêvé en ses matérielles évocations.

Si frêle! un enfant ! presque une âme !

comme dit un charmant vers de Coppée, elle enfermait, dans la minceur des lignes d'une aristocratie exquise, une petite personne délicieusement blonde et mignonne, mais qui, comme les jolies fées des contes, aurait pu s'asseoir largement au cœur d'un volubilis à peine entr'ouvert par l'amour. Elle était la grâce rare et donnait l'impression, tant tout semblait précieux en elle, d'une petite idole faite pour les lointaines adorations, et qu'on n'ose toucher de peur d'y casser quelque chose. Un jour qu'elle passait, rue Cantegril, au bras de son père, M. Pétrouminel, un de ces notaires fossiles, introuvables aujourd'hui, qui n'ont pas encore mis la frontière entre leur fortune personnelle et leurs clients, Ventejoul l'avait aperçu et ç'avait été comme un coup de foudre, comme un chemin de Damas qui s'était dressé devant lui. Vous eussiez souri, malgré vous, ce jour-là, en voyant l'aimable apostat s'acharner à la poursuite d'un charmant fantôme, ramenant derrière son propre dos, avec une pudeur comique, ses mains craintives et retenant son souffle de gros homme, de peur d'effaroucher cette délicieuse apparition. Ventejoul n'est pas sans biens personnels. D'autre part, bien que M. Pétrouminel soit encore dans son étude, on dit ses affaires légèrement embrouillées. Mon ami était donc un bon parti et, pas plus tard que le lendemain, après une nuit où de véritables sylphes avaient dansé sous ses paupières closes, il s'en vint causer avec son père des tendres projets que la fille lui avait inspirés. Mais celui-ci accueillit cet aveu avec un air incrédule et narquois. Sans entrer dans aucuns détails, il dit simplement à Ventejoul, avec un sourire ironique : « Vous n'avez pas bien regardé ma fille, monsieur Ventejoul ! » et comme il protestait : « Je vous assure, continua-t-il, qu'elle n'a rien de ce qu'il faut pour vous plaire. »

Oh ! ces sacrées réputations qu'on nous fait pour les fanfaronnades de notre jeunesse ! Combien en avons-nous souffert, mon pauvre Ventejoul et moi ! Non ! ma parole ! on nous voudrait condamner à être immuables comme Dieu. Avec ça que les crétins qui nous reprochent nos anciens dires n'ont jamais changé eux-mêmes ! Il y en a même qui ont eu autrefois de l'esprit. *Quantum mutati!* ajouterai-je pour les cuistres. Non ! mon pauvre Ventejoul, mon Ventejoul fraternel n'avait pas le droit d'adorer une jeune femme svelte parce qu'il avait aimé beaucoup de dames dodues. Ce n'est pas un droit de l'homme, ça ! Ah ! qu'on nous rende la Bastille. On était moins bête sous les monarchies d'autrefois, où les beaux esprits chantaient les charmes de l'inconstance. Il y avait bien les guerres de religion qui mettaient une ombre au tableau dynastique ; mais patience : nous y revenons.

Ventejoul comprit qu'il n'avait rien à espérer tant que son abjuration n'aurait dépassé, en éclat, les signes extérieurs de son ancien culte. Résolument, il joua une comédie effroyable par les rues et par les boulevards. Il n'apercevait plus une femme un peu grassouillette sans lui prodiguer les marques du mépris et même du dégoût. Oublieux des lois de la plus élémentaire galanterie, il tournait la tête, faisait des grimaces et crachait, à moins qu'il ne dit tout haut : « Pouah » C'en était révoltant. Mais que ne nous ferait pas faire l'Amour? Les victimes de ces grossièretés, autrefois les objets de ses hommages, le regardaient, étonnées, avec ce doux air de reproche qu'ont les bonnes filles aux joues bien rondes et symboliques, dont le sourire semble ouvrir des fossettes un peu partout. On crut d'abord à une plaisanterie de mauvais goût. Mais, dans ses discours au café Albrighi, chez Syon, chez Monestier lui-même, il affirma ses tendances nouvelles avec une éloquence si fougueuse qu'il fallut bien croire à la sincérité de sa conversion.

Seul, l'incrédule Pétrouminel, soucieux avant tout du bonheur de sa fille, ne se montrait pas convaincu au gré des désirs de Ventejoul. Enfin, l'idée vint au notaire fallacieux de tendre un piège à son futur gendre, pour bien connaître le fond de son âme. Il donna une soirée à laquelle il invita, en même temps que Ventejoul, les dame les mieux pourvues, pétardièrement parlant, de la ville, et, en particulier, l'opulente marquise Givet de Monséant, qui eût fait éclater un fauteuil d'orchestre de l'Odéon, lesquels fauteuils, Ginisty a fait encore élargir pour qu'on vînt au moins, à l'Odéon, pour se bien asseoir, et dont le mari (c'est de la marquise que je parle) était un vrai tigre de jalousie ; très éclatante et d'une beauté vraie d'ailleurs, cette aristocratique dame dont un fiacre toulousain — et leurs dimensions sont celles des anciens carrosses du sacre, — avait son compte.

La petite fête, présidée par la délicieuse mademoiselle Octavie, ployante comme un roseau, mais comme un roseau parfumé, fut tout à fait charmante. Ventejoul, assis sur un large pouf, venait de se déganter pour croquer un fruit confit offert par elle, debout comme il convient, et, satisfaite, sans doute, de sa tenue antérieure, elle venait de lui promettre une polka. Quand il se voulut rasseoir, il s'aperçut que le pouf était occupé, que dis-je ! débordé, dans tous ses sens, par la copieuse marquise Givet de Monséant. Un instant après, résonnèrent les premières mesures de la polka. Vite, Ventejoul voulut remettre ses gants. Bon ! il les avait laissés sur le siège où venait de se consolider la grosse dame. Il ne pouvait pas cependant danser les mains nues ! Ah ! il les lui fallait, ses gants ! Captieusement, comme un léopard qui contourne un coin de roche, il tourna derrière le pouf et tâcha d'insinuer légèrement ses doigts, sans déranger la dernière occupante, sous ses jupes, pour attraper le bout de ses gants qui dépassait un peu. Un vigoureux coup de pied au derrière l'encouragea dans ses recherches. C'était le marquis qui, toujours jaloux, le guettait, connaissant sa renommée, et se méprenait absolument sur ses intentions. La grosse dame ajouta une claque au témoignage d'estime de son mari. Mademoiselle Octavie se trouva mal à force d'être indignée, et M. Pétrouminel montra la porte à l'impertinent, en lui jetant ces mots terribles : « Vous voyez, monsieur, que vous êtes incorrigible ! Déguerpissez de céans ! »

O mon pauvre Ventejoul ! oh ! ces sacrées réputations que nous font, pour les fanfaronades de notre jeunesse, ceux qui n'ont jamais été jeunes ici-bas !

ÉCHO DE NOEL

ÉCHO DE NOEL

De la dernière Noël, s'il vous plaît ! et mon histoire n'a que trois jours de date, — moins de temps qu'il n'en faut pour vieillir une bouteille, plus que n'en exige une actualité pour se défraîchir. Mais pour un homme qui vit, comme moi, beaucoup plus avec Théocrite et Rabelais qu'avec mes contemporains, c'est le comble de la modernité !

Trois autres jours auparavant — ce qui fait six — la jolie madame Poum avait dit à son mari :

— Tu sais, je mettrai mon petit soulier dans la cheminée à Noël.

Et Poum lui avait répondu avec une philosophie douce :

— Alors, choisis le plus petit, parce que je n'ai pas grand'chose à mettre dedans.

En quoi Poum parlait comme un oracle. Car, il n'avait pour tout bien, que quelques dettes péniblement amassées, et de pareils anniversaires le trouvaient absolument démuni pour faire des cadeaux. Quelle idée, d'ailleurs, prenait à la jolie madame Poum? Leur tendresse n'avait aucun besoin des renouveaux qu'on demande aux petits présents. Elle était faite du mutuel désir de leur propre personne, du sentiment spontané qui les avait jetés dans les bras l'un de l'autre, du souvenir sans cesse rajeuni des dernières caresses, lesquelles avaient été solennellement déclarées les meilleures, de tous les riens exquis dont vivent, rien qu'à se contempler et qu'à s'effleurer, ceux qui s'aiment vraiment. Ils s'étaient pris sans le sou et à la bonne franquette. La lune de miel prolongeait, au bord de leur couche, la nappe d'or, malheureusement intangible, de son dernier quartier. La cupide Danaë ne se fût pas contentée de cette feinte fortune. Mais je ne plains pas ceux qui peuvent se compter la leur, l'un à l'autre, en belle monnaie de baisers, et, comme le disait Ronsard, de mignardises. Notez qu'ils n'y manquaient pas et n'auraient rien dû demander davantage à la vie.

Cependant, Poum s'émut du désir de sa

femme. Avec le peu d'argent qui lui restait, il lui acheta un mouchoir bordé de dentelle, et éprouva une joie folle à l'idée d'enfouir cette lingerie, avec tout son cœur, dans la mignonne chaussure de l'adorée.

C'est fait ; et le tablier de la cheminée est soigneusement rabattu pour protéger le mystère de la surprise.

— Montre-moi mon petit Noël ce soir, dit la jolie madame Poum à son mari tout en passant sa chemise de nuit.

— Non ! madame, demain matin seulement. Vous savez bien que le petit Jésus ne vient qu'à minuit, et qu'on ne doit vérifier son envoi qu'au petit jour !

Pendant ce temps-là, un tas d'imbéciles allaient réveillonner en nombreuse compagnie. Croyez bien que M. et madame Poum trouvèrent un meilleur emploi de leurs nocturnes loisirs.

II

Pendant ce temps-là aussi, quatre maisons plus loin, dans la même rue, en son sordide appartement mansardé, le vieil usurier Josué, également ennemi des bruyantes et coûteuses agapes, réveillonnait en face de sa maîtresse, à lui, une grosse liasse de billets de banque à laquelle il venait d'ajouter quelques feuillets nouveaux. Car cette époque de l'année, funeste aux prodigues, est particulièrement avantageuse aux fessema-thieux. Il comptait et recomptait, les faisant cla-quer, une à une, sous ses doigts, les pages de cet aimable volume, et souriait modestement à son propre génie. Puis il chauffait, au feu rouge de la cheminée, ses vieilles griffes calleuses, comme pour en aviver les rapacités défaillantes, ses doigts crochus, pareils aux sarments de la vigne mauvaise que le potier avait vendue à Judas. Puis, ses yeux d'oiseau de proie revenaient à la table où s'extasiaient les luxueuses effigies fidu-ciaires, et ses babines, évidées par l'âge, faisaient entendre comme un claquement gourmand, au-cun souper ne valant celui-là pour ses regards. Après quoi, il mit cette desserte intacte dans son armoire, en ramenant quelques chiffons sans va-leur par-dessus. Puis, il se glissa dans sa couche étroite et éteignit sa lumière. Comme il rêvassait en s'endormant, bercé par le va-et-vient des ré-veillonneurs dans la rue, — saturnales charcu-tières, dont doit saigner le cœur du bon saint Antoine, au Paradis, — il lui sembla entendre, comme un glissement, un bruit léger plus près de lui. Très sceptique et fougueusement libre-penseur, l'usurier Josué pensa en ricanant ;

— Tiens ! Le petit Jésus qui m'apporte quelque chose !

Deux mains vigoureuses étouffèrent, dans la gorge, ce blasphématoire propos. Il n'eut pas le temps de crier qu'il était déjà étranglé suivant les rites. C'est étonnant et naturel tout ensemble ce que son âme, malheureusement immortelle, tenait peu à sa peau ! Le bon assassin Mathias, qui s'était si bien caché dans un porte-manteau et avait tout vu, sans doute, ne perdit pas un instant. Il prit la liasse dans le tiroir, tourna, face au mur, le malplaisant cadavre, et se mit en mesure de déguerpir par une fenêtre en tabatière qui lui ouvrait la route ardoisée des toits. Une nuit superbe, avec tant d'étoiles brillantes au ciel que les bergers et les mages n'auraient su laquelle suivre. Grave ennui. Par une fenêtre à tabatière voisine, le pompier Clodomir, en bonne fortune, sortait en même temps pour prendre la même voie. En apercevant Mathias, il cria courageusement : « Au voleur ! » C'était, pour celui-ci, un contre-temps évident.

III

La jolie madame Poum ne peut dormir, malgré les invites voluptueuses qu'elle a faites au sommeil. Les deux époux causent, la tête sur l'oreiller.

— Tu ne veux pas toujours me dire ce que tu as mis dans mon petit soulier ?

— Voyons ! il est quatre heures du matin... un peu de patience ! Cherche à deviner.

Elle chercha en conscience. Elle énuméra tous les menus objets, utiles dans le ménage, qu'un époux prudent offre à son épouse en ces anniversaires.

— Peut-être de l'argent, fit-elle.

— Oh! ça ! répondit-il, tu peux être tranquille ! A moins que le petit Jésus ne te l'apporte lui-même...

A ce moment, un bruit singulier se fit dans la cheminée, comme d'une chose qui y tomberait.

— C'est certainement lui, fit Poum pour rassurer sa femme interdite.

— Oh ! toi, tu ne crois à rien. Pourquoi pas ?

Au lieu de lui donner les raisons de son scepticisme, Poum préféra infiniment mieux l'enlacer de ses bras et lui couvrir le visage de caresses. Parbleu ! elle avait bien tort d'être ainsi impatiente. Son présent était des plus modestes. Un rien ! un simple souvenir! Alors, elle le taquinait, en lui répondant : « Mais non ! je suis sûre que c'est magnifique. Je m'attends à trouver une superbe fortune. Fi ! le prodigue, qui ruine son ménage pour faire le fastueux ! » Et maints autres enfantillages qui s'achevaient en tendresses renaissantes ; si bien qu'ils n'avaient guère compté le temps quand un frisson de lumière blanche, glissant sous l'épaisseur des rideaux, annonça que le jour s'allait lever, un de ces jours mornes d'hiver qui montent de l'horizon à peine incandescent comme une fumée de plomb. Il avait gelé certainement ; car les pas des piétons encore en goguettes sonnaient, clairs, sur le pavé, et les roues des voitures ramenant les soupeurs y mettaient comme un imperceptible bruit d'écrasement. On sentait le froid au dehors, les soufflets de la bise et les morsures de l'onglée. Ah! que les amoureux sont bien, par de pareilles [et ironiques aurores, en la tiédeur parfumée des draps et dans cette ombre délicieuse qu'une poussière de clarté raye à peine par endroits! Cependant, la jolie madame Poum, en vain retenue par les bras suppliants de son époux, sauta, pieds nus, dans la chambre, et, d'un geste brusque, ouvrant les rideaux sur la lumière blafarde de la rue, courut ensuite, s'agenouillant sur le tapis où la nacre de ses ongles mettait comme des pétales de roses à la cheminée et en souleva le tablier. Elle n'eut pas plutôt regardé qu'elle poussa un cri de joie incrédule! A moitié du petit soulier dont le mouchoir brodé occupait le fond, une énorme liasse de billets de banque.

— Viens voir ! fit-elle à Poum, si je n'avais pas deviné !

Poum, à son tour, se dégagea vivement des couvertures et ne fut pas moins ahuri.

Elle n'avait rien deviné du tout, la pauvrette. Il eût fallu qu'elle sût, pour cela, que le bon assassin Mathias, poursuivi par le pompier Clodomir à travers les toits, avait fini par jeter la liasse dénonciatrice dans le tuyau de la première cheminée venue.

— Ceci n'est pas ordinaire, dit Poum, et je flaire là quelque ténébreuse aventure que les journaux m'apprendront demain !

— Ah ! ça, par exemple, monsieur, s'écria la jolie madame Poum, vous me ferez le plaisir de ne pas revenir là-dessus. Si vous ne croyez pas au petit Jésus, moi, j'y crois maintenant de toute mon âme.

Et tombant à genoux, toujours pieds nus et en chemise, elle adressa au jeune Sauveur des actions de grâces que celui-ci n'eût pas certainement acceptées s'il ne l'eût approuvée dans le fond.

Le petit Jésus n'est-il pas venu sur la terre pour punir les méchants usuriers et combler de biens les cœurs simples et naïfs qui, sans souci de la fortune, n'ont pas déserté le chemin de l'Amour ?

JACK

JACK

Une matinée d'avril, là où le Paris qui se réveille est le plus grouillant peut-être, sur le quai de la Mégisserie où les oiseliers viennent d'ouvrir leurs boutiques toutes grandes. Le soleil, en y pénétrant avec une illusion de liberté, met en joyeuse rumeur toutes les cages impatientes d'aurore, tout un monde de captifs salue la lumière dans un grand frémissement d'ailes. Ainsi nos pensées, prisonnières dans la mélancolie nocturne, fêtent, d'un besoin d'envolée, les premières clartés du jour. Mais combien peu prennent largement leur chemin vers l'azur où meurent les étoiles !

Ce jour-là, M. Antoine Minaret, commis principal aux contributions indirectes, était sorti de bonne heure et justement pour cette promenade, en ce point précis. M. Antoine Minaret avait son idée : celle d'offrir un perroquet à sa femme, un perroquet éloquent comme un député. Il avait, en effet, réfléchi que la journée était longue, pendant son propre séjour au bureau, pour une femme jeune, fort agréable de sa personne, n'aimant guère la lecture et pas du tout la solitude, ce qui était le cas de madame Minaret. Il s'était dit encore que ces lentes heures de désœuvrement pourraient devenir périlleuses à son bonheur, que les galants ne manquaient pas dans son quartier et qu'il était urgent de donner à cette recluse mieux qu'une occupation, s'il était possible : une affection innocente. Or, les femmes aiment, en général, la conversation des perroquets qu'elles ne distinguent pas beaucoup de celle des hommes, aimant infiniment mieux parler qu'écouter. Au fond, elles n'y perdent pas grand'chose. De là le choix de ce volatile pour charmer les loisirs de sa légitime épouse.

Justement, dans un beau soleil où dansait à la brise printanière l'ombre des feuillages naissants, un perroquet de l'espèce dite amazone, vert avec un liséré rouge aux ailes — et chacun sait que cette variété est celle qui parle le mieux — s'ébrouait, secouant ses plumes humides des pleurs de l'arrosoir en jacassant sur un ton à la fois aigre et puissant. « — Que sait-il dire? demanda le bureaucrate au marchand. — Tout, lui répondit celui-ci. — Pas de gros mots, au moins? — Aussi bien élevé que monsieur lui-même. — Et il s'appelle? — Jacquot. — Mettons Jack, c'est plus distingué. » Le marché fut rapidement conclu, et M. Minaret, très fier de son achat, l'emporta, toujours causant, à la maison.

Au fond, son idée n'avait pas été mauvaise. Madame Minaret qui nourrissait, en secret, de mauvaises intentions, en retarda l'exécution, touchée qu'elle était de ce présent. Vite, on ouvrit, comme un volume, le vocabulaire du nouveau venu. L'oiselier n'avait pas menti. Jack disait infiniment de choses, et une distinction parfaite présidait à ses propos. Ses nouveaux patrons étaient donc enchantés quand, d'une petite voix câline, ressemblant fort, très fort, à l'organe de madame Minaret, l'oiseau se mit à dire, en penchant coquettement sa tête sur le haut de son aile :

— Bonjour, mon petit Félix adoré !

— Ça, c'est de trop, fit vivement M. Minaret. Il faudra que tu lui apprennes à dire : Antoine, au lieu de Félix.

Mais quand les perroquets sont butés à une phrase, vous ne leur y feriez pas changer un mot pour un saladier de vin sucré. Et, sans doute, celui-ci avait entendu longtemps et souvent celle qui avait choqué M. Minaret. Car la substitution d'Antoine à Félix y fut absolument impossible.

— Au fond, qu'est-ce que ça te fait? dit madame Minaret, en riant, à son mari.

— Ce que ça me fait! Tu es bien bonne! Je n'ai pas envie qu'on croie, en l'écoutant, que tu reçois, pendant que je ne suis pas là, un amoureux dénommé Félix!

— Monsieur Minaret!...

— Le monde est méchant, ma chère. On en ferait des gorges chaudes certainement.

— Comment faire alors? Je vous préviens que je suis déjà très attachée à cet oiseau qui me vient de vous, et ne m'en séparerai à aucun prix.

— Alors, c'est bien simple. C'est moi qui vais changer de prénom.

Et comme elle regardait, un peu surprise :

— Il n'y a guère que toi qui m'appelles par mon prénom, continua-t-il, et quelques camarades de bureau. Tu es déjà dans la confidence, et, aux autres, je conterai quelque bourde. Félix Minaret est d'ailleurs plus joli et plus euphonique qu'Antoine Minaret. C'est convenu, madame, et je vais me commander des cartes de visite sur l'heure. Et vous, monsieur l'entêté, vous pourrez maintenant répéter tant qu'il vous plaira : — « Bonjour, mon petit Félix adoré... » car Félix ce sera moi.

Et M. Minaret fit exactement comme il avait dit.

Quand ses compagnons de travail surprirent une de ses nouvelles cartes, ils furent assez interloqués.

— Tu ne t'appelles donc plus Antoine? lui demanda narquoisement le grand Guignevent.

— Non, mon vieux, répondit Minaret avec assurance, et c'est même à cause de toi.

— Comment ça ?

— Quant on nous rencontrait ensemble, ce qui arrivait souvent, il y avait toujours un mauvais plaisant pour s'écrier : « Tiens! Antoine et son... »

— C'est vrai, je te remercie. Mais pourquoi avoir été choisir ce nom de Félix ?

— Parce que Félix est aussi un de mes prénoms et figure sur mon acte de naissance au même titre qu'Antoine. Ainsi, à la maison, ma femme m'a toujours appelé Félix, et notre perroquet ne me connaît pas sous un autre vocable familier. Ce petit changement, messieurs, n'aura aucune influence, d'ailleurs, sur mes habitudes hospitalières. Tous les ans, comme par le passé, je vous réunirai à ma table, non plus le jour de la Saint-Antoine, mais le jour de la Saint-Félix, et nous sablerons ensemble, à ma santé, ce petit muscadet d'Anjou que vous aimez tant. J'ai regardé le calendrier et vous donne rendez-vous dans trois mois. Vous pourrez vérifier que mon perroquet m'appelle Félix, et cela prouve qu'il ne m'a jamais appelé autrement, car ces bêtes-là ne démordent jamais des noms qu'on leur a appris.

De sympathiques poignées de mains accueillirent cette invitation cordiale. Le grand Guignevent surtout, qui était pas mal ivrogne, se frotta joyeusement les mains en faisant claquer ses maigres doigts.

Trois mois après, le couvert était mis et le muscadet rayonnait, comme un soleil pâle, dans les carafes. Pour recevoir les camarades de son mari venant célébrer, chez lui, la Saint-Félix, madame Minaret avait revêtu une toilette qui lui seyait à ravir, mettant en relief ses grâces un peu insolentes de blonde bien portante aux chairs rosées. Et, de fait, elle était très en beauté, depuis deux mois surtout, et une singulière belle humeur de femme satisfaite éclatait sur son riant visage. Je ne sais quoi de rassasié et de serein, de doucement lassé et de confiant dans la vie avait succédé à ses airs inquiets, et quelquefois maussades, à ses façons nerveuses et à ses revêcheries d'antan. Je vous prie de croire que Minaret s'applaudissait de lui avoir donné, en Jack, un compagnon ayant cette influence heureuse sur son caractère. Le fait est que lui-même ne la reconnaissait plus : prévenante et pas du tout jalouse, elle lui rendait la vie absolument charmante. A tous ses amis, il vantait son bonheur, au grand Guignevent surtout, et avec une joie d'égoïste féroce, sachant celui-ci aux mains d'une vieille épouse acariâtre.

Le dîner fut d'une extraordinaire gaieté. Le grand Guignevent noya ses chagrins domestiques dans un vrai flot de septembrale purée.

Au dessert seulement, on apporta Jack sur son perchoir, ses familiarités à table ayant paru périlleuses à la maîtresse de la maison. Le perroquet — ces bêtes aiment extraordinairement la société — secoua joyeusement ses ailes, lissa les plumes de son cou du bout noir et luisant de son gros bec, roula des yeux d'or dont le cercle agrandi ou rétréci donnait la mesure de ses sympathies et de ses étonnements. Fut-ce timidité de la part de l'ancien pensionnaire des environs de l'Opéra-Comique ? mais il se refusa d'abord à parler... Mon Dieu, peut-être tout simplement par une coquetterie calculée, comme les mauvais poètes quand on leur demande des vers. Enfin, il poussa quelques cris préparatoires et, au moment où toute l'assistance attendait la phrase sacramentelle annoncée par Minaret, accoucha de celle-ci, qu'on attendait moins :

— Bonjour, mon petit Gustave chéri !

Ce fut une débandade. Minaret se leva, comme si un ressort lui poussait au derrière. Madame Minaret se troubla visiblement. Les convives écrasèrent un éclat de rire dans leur serviette. Ce sacré Guignevent eut la mauvaise idée de vouloir sauver la situation.

— Comme ces bêtes sont intelligentes ! s'écria-t-il. Celle-ci a probablement deviné que je m'appelais Gustave.

Minaret, pour cette impertinence, lui détendit la gifle impatiente qui lui brûlait le poignet. C'est ainsi que la Saint-Félix finit infiniment moins gaiement que les Saint-Antoine accoutumées !

PROJETS EN L'AIR

PROJETS EN L'AIR

Les projets vont déjà leur train pour l'Exposition universelle de 1900. Les commissions fonctionnent. Chacun fait son rêve. C'est une véritable débauche d'imaginations. Les merveilles de la rue du Caire et celles du vieil Anvers seront certainement dépassées. Avec l'élan récemment donné aux résurrections pittoresques et dont la Bastille n'avait été qu'un échantillon modeste, nous pouvons espérer voir toutes les époques reconstituées dans leurs habitudes familières. Nous n'aurons que l'embarras du choix et du temps où il nous conviendra de revivre (je me refuse absolument pour ma part, à recommencer l'existence sous le règne du doux saint Louis, n'ayant aucun goût pour les croisades). Ce sera charmant. Tous les âges ressusciteront, sauf, hélas ! l'âge d'or chanté par Ovide, et le printemps éternel où

Mulcebant zephyri natos sine semine flores.

Chacun est en train d'enfourcher quelque dada chimérique, quelque Pégase bourgeois à propos de cette gigantesque tentative, où doit s'affirmer, une fois encore, l'essor de notre prospérité républicaine, et où les peuples, demeurés dans les temps obscurs des monarchies, pourront venir admirer l'inouï développement de l'industrie et des arts, chez une nation qui a brisé ses chaînes et dit au despotisme son fait. Moi, je suis transi de ce concept bizarre : je voudrais qu'il me fût permis d'installer sous une cage solide les hôtes d'une ménagerie d'un genre nouveau. Ni lion arraché aux solitudes sublimes de l'Atlas, ni tigres au dos rayé, ni panthère mouchetée, ni jaguars doux comme des chiens, ni ours aux trompeuses bonhomies. Pas d'animaux dits inférieurs. Rien que des hommes.

.•.

Bon ! Bon ! je vous vois déjà fort en colère. Des hommes derrière des barreaux, comme de simples chimpanzés amenés violemment parmi nous par la tendresse filiale des explorateurs. Fi ! quelle horreur ! Et les immortels principes ! Et le serment du Jeu de Paume! Et la Charte ! Et le Suffrage universel ! Et toutes les glorieuses affirmations de la liberté originelle reconquise par le progrès !

Ne vous hâtez cependant pas trop, camarades, de m'accuser d'un retour à la barbarie. D'abord, il y a tout un monde de pauvres diables qui ne jouissent que médiocrement de toutes les découvertes, tous ceux par exemple qu'une simple peccadille a rejetés du sein confus de la société dans les beautés tranquilles du régime pénitentiaire, à moins que les faveurs d'une législation nouvelle ne les entraînent à des villégiatures lointaines, pour lesquelles un billet de retour serait superflu. Entre une simple cellule même à Mazas, élevé, chacun le sait, par ironie, à deux pas d'une de nos principales gares de chemin de fer, et une simple épinette comme celle que je propose pour un captif, je préférerai certainement l'épinette. On y a peut être plus d'aise et certainement plus de distraction. J'avouerai donc que ma première pensée avait été de demander des sujets aux prisons qui m'en auraient libéralement fourni, ayant appartenu à toutes les classes sociales, sans oublier le clergé et le notariat, le clergé laïque, dont les desservants confessent le dernier culte demeuré debout, celui du dieu Argent.

Bien que ce mode de recrutement de ma ménagerie fût essentiellement pratique, j'y ai cependant rapidement renoncé. Les prisonniers, même en Portugal où tout le monde fait profession d'être gai, ont généralement le caractère aigri et assassinent volontiers leurs gardiens pour obtenir une peine plus déshonorante mais infiniment moins pénible à subir. On m'assure, de plus, que la promiscuité des prisons aggrave tellement l'état immoral de leurs hôtes, que ceux-ci ne sont plus présentables en bonne compagnie. Or, c'est pour les bonnes compagnies, seulement, chacun le sait, que je travaille. C'est donc au monde même — et au meilleur — que j'ai pris le parti de demander les échantillons de ma propre espèce, utiles à présenter à un public vraiment soucieux de s'instruire. Mon système est fort simple, et le même, d'ailleurs, qu'on emploie avec les autres animaux : le logement et la nourriture et, en un mot, l'entretien complet, seront aux frais du dompteur. Est-ce que vous croyez qu'avec des avantages si réels, à une époque où les margarines ou même les quittances de loyer sont hors de prix, je ne déciderai pas des personnes de tous les métiers à venir opérer chez moi pour l'éducation de la multitude? Après les kracks signalés dans toutes les industries, dans toutes les professions, je ne saurais manquer de pensionnaires. Les millionnaires eux-mêmes aujourd'hui se condamnent à vivre comme des pauvres pour dissimuler leur fortune, et on m'a signalé des gens fort riches, qui se faisaient inscrire au bureau de bienfaisance de leur quartier, au lieu d'acheter des tableaux et des statues aux artistes qui, par le temps qui court, manquent absolument de Mécènes.

Quant aux conditions à remplir pour être admis dans mon hôtellerie grillée, rien de plus aisé. L'unique devoir de mes locataires gratuits, pendant la durée, d'ailleurs limitée, de mon exploitation, serait de ne rien cacher à leurs visiteurs de leurs petits secrets de boutique, une impunité parfaite devant leur être aussi parfaitement assurée que s'ils avaient affaire au jury.

∴

Quel spectacle vraiment instructif et bien fait pour les masses innocentes qui se laissent jobarder avec une condescendance confinant à la bêtise. Oui ! messieurs, on verrait chez moi ce doux épicier sophistiquer, sous les yeux tranquilles de gardiens, les nourritures qui font nos estomacs pareils à celui de Mithridate ; le précieux apothicaire remplacer par l'eau de Seine, prise aux sources mêmes du pays microbien, les solu-

tions trop coûteuses que les médecins continuent
à prescrire ; le médecin lui-même étudier les
cas graves, en esquissant un bésigue dans la pièce
contiguë à la chambre du moribond, avec le confrère demandé en consultation ; l'avocat chercher
au fond crémeux des bocks les arguments vainqueurs de sa prochaine plaidoirie ; l'huissier
additionner, avec le chiffre du quantième, le montant des frais ; le restaurateur composer cette fameuse sauce brune qui donne au saumon le même
goût qu'au porc frais ; l'ouvrier à la journée reprendre, en sous-œuvre, le travail mémorable
laissé en plan par la vertueuse Pénélope ; tout
ceci impunément et à l'abri des indignations intempestives, parce qu'il s'agit de nous enseigner
une bonne fois à quel point nous sommes dupés,
bernés, vilipendés par nos aimables compatriotes
et amis. Car, cela, je vous le dis, est infiniment
plus utile, concluant et pratique que de connaître
les mœurs des lions, des ours et des serpents
boas ; car je ne suis pas forcé d'aller chercher
dans les bois et dans les déserts, sous les soleils
brûlants et dans les solitudes profondes, ces dangereux amateurs de températures tropicales, tandis que je suis inexorablement condamné par le
destin à avoir affaire à des épiciers, à des pharmaciens, à des médecins, à des huissiers, à des
restaurateurs, à des journaliers, voué à défendre

contre eux ce que mon patron Panurge appelait « ma paouvre et gaillarde vie ! »

Cage spéciale, spacieuse, avec un cabinet de toilette plein de déguisements pour les hommes politiques. La section des parlementaires serait l'objet d'une surveillance spéciale. Car, de tous mes hôtes, c'est ceux que je considérerais comme les plus dangereux. — J'établirais chez moi tout simplement une succursale du petit local et une salle d'attente pour Messieurs les Députés ayant eu les honneurs de la censure, j'obtiendrais ainsi quelques échantillons choisis de l'espèce élective, sans rien troubler au jeu de nos institutions et sans faire perdre aux commissions, si avares de leur temps précieux, une seule minute. Voilà qui serait intéressant pour le bon petit peuple de votants qui, quoi qu'on en dise, conserve encore quelques illusions sur Messieurs les Mandataires... Mais chut ! le terrain devient glissant pour un simple philosophe comme moi qui regarde les gens et les choses, sans jamais me permettre de les juger.

Tout ceci n'est, d'ailleurs, qu'un rêve.

En attendant qu'il se réalise, attendons-nous à voir de curieuses choses en 1900.

ÉCHO DES ROIS

ÉCHO DES ROIS

C'est plus fort que moi, mais je tiens pour les vieux usages. J'ai gardé, à la fève ancestrale aujourd'hui proscrite dans la galette épiphanique, un souvenir affectueux fait de mes joies d'enfant, hélas lointaines ! Quand la puérile innocence m'en donnait un droit que je regrette moins, comme j'en savais bien deviner, sous la serviette blanche, la rotondité dénonciatrice ! Aujourd'hui, on la remplace par un odieux poupon de porcelaine. Voilà huit jours que, nouveau gigogne, j'en retrouve dans les poches de mon gilet. Dangereux pour les dents, ce gosse de kaolin peut avoir des inconvénients plus graves. L'aventure du ménage Labadou, laquelle se poursuit actuellement par une action en divorce, en fait foi.

Ce n'est pas que je plaigne ce vieux drôle de Labadou, qui a fait, à mon avis, une action abominable en épousant sa nièce Thérèse, plus jeune de cinquante ans que lui, sous le prétexte que, pauvre, elle était d'un placement matrimonial malaisé, tandis que lui est un des bourgeois les plus aisés de Saint-Gaudens : mariage qu'il savait platonique, par avance — je me refuse à déshonorer le mot mystique à cette occasion — simple union d'âmes à laquelle il apportait toutes ses rêveries de vieil usurier, et elle toutes les candeurs de sa seizième année fleurie comme un jardin d'avril. Ne pouvais-tu la doter, bélître, si tu ne voulais qu'elle mourût fille ! Voilà ce que nous valent, à travers l'éducation chrétienne, les enseignements pervers de la Bible et l'exemple de cette vieille canaille de Booz, qui se comporta absolument de même avec la malheureuse Ruth et en est glorifié dans les livres saints, tout comme cet exécrable David qui emprisonnait des vierges dans son lit de septuagénaire pour boire un peu de santé à la jeunesse tiède de leurs corps. Je suis antisémite — à quelques amitiés personnelles près qui prévalent sur mes opinions — mais, quand je lis la Bible, je sais gré aux juifs de n'être pas encore pires, après les leçons d'un catéchisme pareil. Ah ! qu'on me ramène bien vite aux livres divins de Platon !

Elle est tout simplement délicieuse, cette Thérèse, à qui le mariage n'a rien appris, et dont les puretés savoureuses se consument comme un encens à la flamme innocente du regard et à la caresse inconsciente du sourire, instinctivement coquette et fière de sa beauté impolluée, beau lys debout en son vase rustique, et vivant de ses propres sèves, dont aucune eau nourricière ne rajeunit les fraîcheurs. Sans avoir revêtu l'épanouissement complet des jeunes femmes, ayant encore gardé quelque chose de la grâce des boutons, elle n'est plus cependant la petite pensionnaire bêtasse que son oncle a retirée du couvent des Ursulines de Toulouse pour en faire madame Labadou. Un rêve indécis, mais d'une contagion mélancolique, habite ses prunelles, dont le velours semble avoir accroché au passage de minuscules paillettes d'or ; et les petites fossettes de ses joues, quand les creuse l'imperceptible plissement des coins de sa bouche, ont comme le vol circonflexe des hirondelles qui s'enfoncent dans les cieux lointains. Un plus sagace époux que le sien ressentirait de ces choses quelque inquiétude jalouse. Mais notre Labadou est si parfaitement convaincu que, grâce à la bonne garde qu'il fait autour, l'enfant n'a rien deviné encore de la vie, est si orgueilleusement persuadé que l'honneur qu'il lui a fait suffit à la rendre heureuse, qu'il ne daigne même pas y faire attention.

Le bougre n'est seulement pas outrageusement fat, mais encore fort avare. Jugez-en.

On fêtait les Rois, il y a deux ans, chez les Lascoumette, dont la table est renommée dans toute la Haute-Garonne, et les Labadou étaient invités. Ce que Thérèse se faisait une joie de cette soirée ! Elle imaginait que quelque joli capitaine de la garnison trouverait la fève traditionnelle dans son assiette et la prendrait, elle, pour reine. Car c'était bien une fève qu'on avait cachée dans le gâteau symbolique dont une part est réservée à un pauvre du bon Dieu. L'usage est d'embrasser la reine toutes les fois qu'elle boit et de lui offrir ensuite un menu cadeau. Le programme était tout à fait du goût de la charmante délaissée. Une grande gaieté régna dans le festin jusqu'au moment où fut découpée la galette. Mais, ô désillusion ! personne ne trouva la fève, et la part du pauvre, soigneusement auscultée, ne révéla pas sa présence dans le dernier morceau. Ou le boulanger qui l'avait fournie était un farceur sinistre, ou quelque convive glouton avait avalé sa part sans précaution. On ne pouvait pourtant pas attendre au lendemain ! On se sépara sous une impression maussade et M. Lascoumette déclara que, l'année suivante, bien que la mode lui en parût ridicule, une poupée remplacerait le légume d'une trop facile déglutition.

Thérèse rentra tristement à la maison au bras de Labadou qui, lui, ne disait rien, et les deux époux honoraires se mirent au lit — dans le même lit, pourquoi ? — et se dirent le glacial bonsoir accoutumé. Thérèse n'était, cependant, au fond, qu'à demi déçue. Le joli capitaine de garnison rêvé était là. Il n'avait pas été roi, il est vrai, mais il l'avait embrassée tout de même, à la dérobée, pendant qu'on cherchait ses frusques au vestiaire. Il lui avait mis un baiser sournois sur le cou, tout en lui exprimant, tout bas, l'espérance de la revoir. La vérité est qu'elle s'était endormie sous la tiédeur réveillée de ce baiser et sous le murmure discret de cette espérance. L'élégante et virile silhouette du jeune officier passait et repassait sous sa paupière close dans le jour, rose comme une pâle fleur de sang, où les songes heureux nous emprisonnent sous leur aile ; et ce va-et-vient sympathique d'une image qui lui souriait lui faisait très doux le sommeil, quand une malséante détonation, retentie tout près d'elle, en troubla la sérénité. Subitement réveillée, elle sentit l'affreux Labadou qui se convulsait de rire dans les draps, — le diable soit du malpropre ! — et l'entendit qui glapissait, de sa voix aigrelette de vieux, ces mots insuffisamment justificateurs : — C'est la fève que j'ai avalée !

Oui, et exprès encore, pour n'avoir pas à faire à sa reine le cadeau convenu !

Donc, il y a deux ans que se passait ceci.

L'an passé, les Lascoumette, après avoir surveillé eux-mêmes, chez le boulanger, l'introduction dans la pâte de l'affreux poupon de porcelaine, convièrent à nouveau leurs invités ordinaires pour une éclatante revanche. Thérèse fut placée, par un hasard quelque peu entremetteur, juste à côté du joli capitaine qui lui avait mis un an auparavant un baiser sournois sur le cou. Elle en parut si complètement troublée, si naïvement charmée que tout le monde, sauf Labadou, bien entendu, en fit la remarque *in petto*. On eût dit qu'elle ne savait plus ce qu'elle faisait. Elle sucra son potage, sala son entremets, voulut manger son aile de perdreau avec une cuillère, planta son couteau dans une purée de pommes, engloutit enfin sa portion de gâteau royal en deux bouchées pour avoir plus vite fini et se mieux abandonner, tout entière, aux paroles d'amour que lui murmurait son galant voisin.

Décidément, il y avait une fatalité sur les Epiphanies chez les Lascoumette.

Comme l'année précédente, aucun cri joyeux ne salua le roi et nulle reine ne fut embrassée. — Il y a, tout de même, de rudes grigous de par le

monde ! s'écria cyniquement Labadou. Et, d'un mauvais regard, il interrogeait les physionomies pour deviner le délinquant. Puis, un méchant sourire lui plissait la bouche à cette autre pensée :
— Ce doit être tout de même plus indigeste qu'une fève. — Au diable les Rois, avait hurlé Lascoumette qui, de conservateur qu'il était, va se présenter aux élections prochaines comme radical.

Tout le monde avait oublié, à fort peu près, ce menu événement, quand un phénomène étrange se passa vers le mois d'août dernier dans le ménage Labadou.

Sans que Monsieur se fût départi une seule fois de l'attitude réservée que lui commandait son âge, Madame prit un embonpoint local d'une impertinence croissante et de plus en plus malaisé à dissimuler. Un éclat nouveau épanouissait son visage, cependant que son ventre mamelonnait à merveille. Notre Labadou avait beau être sans défiance, il n'en était pas tout à fait aveugle pour cela ! Quand le doute ne lui parut plus permis, il se résigna à la scène à faire et l'entama le plus violemment du monde. Mais, sans se défendre, toujours enfantine en ses propos, pleurant d'ailleurs à chaudes larmes, Thérèse ne trouva que cela à lui répondre :

— Tiens, chacun son tour !... C'est la petite poupée que j'ai avalée !

L'HOTE FACHEUX

L'HOTE FACHEUX

Dans les grandes allées du parc où les premiers bourgeons, perçant les écorces de leurs flèches d'émeraude, mettaient une printanière fraîcheur, Luc de Goël promenait amoureusement, ayant au bras sa jeune femme Hélène qui semblait porter au front, avec sa chevelure blonde ramassée, tout le rayonnement d'une lune de miel. Et, de fait, il y avait huit jours à peine, huit jours comptés surtout par leurs nuits, que la riche héritière avait donné, par amour, son cœur et sa fortune au sacripant repenti qu'était son maître et son seigneur. La jeunesse de Luc de Goël avait été orageuse, en effet, et ses aventures avaient empli les deux mondes. Car il avait beaucoup voyagé, et Hélène, en vraie femme plus curieuse encore qu'éprise et jalouse, aimait à lui faire conter ses amourettes passées rien que pour le faux plaisir de s'entendre répéter après qu'il n'avait jamais aimé vraiment qu'elle. Donc, en cette matinale pérégrination sur le sable craquant des allées humides encore, dans la floraison des premières tulipes bordant les allées, sous la chanson réveillée des fauvettes, Luc était en train de lui narrer comment le riche Bulgare Venceslas, dont la femme était la plus belle du pays, lui avait sauvé la vie au péril de ses propres jours, en une mémorable occasion.

— Et je me doute, reprit mélancoliquement Hélène, de la façon dont vous l'avez remercié.

— Hélas ! ma chère amie, je lui aurais fait une mortelle injure en agissant autrement, répondit Luc.

Et, comme elle semblait étonnée, il ajouta :
— C'était au bon temps où les mœurs bulgares — presque parisiennes aujourd'hui — dépassaient encore les écossaises par leur hospitalité. Il était d'usage alors, que celui qui vous offrait la moitié de sa table, y ajoutât la moitié de son lit, et, je vous le répète, refuser l'honneur de le faire cocu eût été considéré comme un inqualifiable affront. Or, Venceslas était un Bulgare de race. Quand je fis quelques difficultés d'accepter un tel bonheur, il me répondit avec une bonhomie

charmante : « Quand je viendrai en France, vous me rendrez ça. »

— Eh bien! c'est du joli! Vous ne lui avez pas annoncé notre mariage, au moins?

— Je l'ai fait par simple courtoisie. Un homme à qui on doit l'existence et, ce qui vaut mieux, le plaisir d'être ton époux, ô mon Hélène! Mais je suis tranquille. Il y a cinq ans de cela, et Venceslas, très préoccupé des destins de sa patrie, m'a oublié probablement.

— Tiens! parlons d'autre chose... tu m'as fait peur. Comment est-il, ce sauvage?

— Admirablement beau, aimable et généreux : un des hommes les plus séduisants que j'aie connus, juste assez Oriental pour évoquer l'image d'un héros des Mille et une Nuits.

— C'est curieux qu'il n'ait jamais eu l'idée de venir à Paris.

— Allons! à mon tour, je te dis : Causons d'autre chose. Nous avons mieux à nous dire.

Et ce mieux-là mourut sur leurs lèvres mêlées, dans un long et silencieux baiser. Un rossignol, tôt revenu, les aperçut sans doute. Car, tout près d'eux, un amoureux prélude s'exhala des buissons. Et, les bancs rustiques qui leur tendaient le repos étant encore comme veloutés de rosée, s'entendant à merveille sans avoir prononcé un mot, se pressant plus près, des épaules, l'un

contre l'autre comme en une frileuse caresse, ils
reprirent le chemin de la maison, presque furtifs,
glissant comme des ombres heureuses, et eurent
un serrement de cœur de dépit en se voyant
attendus sur le perron par mademoiselle Ombelline qui tenait une lettre à la main, moitié sou-
riante, moitié revêche, dans sa grâce surannée
de vieille fille n'ayant pas encore éloigné l'inutile
souci de plaire — excellente personne d'ailleurs
qui avait, en qualité d'institutrice, veillé sur la
jeunesse d'Hélène orpheline, et dont celle-ci
n'avait jamais consenti à se séparer.

— Bonjour, ma mignonne, dit-elle à Hélène
en l'embrassant.

Et, tendant la lettre à Luc, elle ajouta :

— Vous me garderez le timbre, monsieur le
comte ; je n'en ai pas encore comme celui-là.

Luc prit l'enveloppe, regarda et pâlit.

— Ce serait trop fort! dit-il, et ce serait à
croire aux pressentiments.

Il brisa le cachet, — ce Venceslas avait le bon
goût de ne pas condamner ceux qui lisaient ses
lettres à se débattre contre sa salive séchée, —
regarda fiévreusement la signature, et, pâlissant
plus encore, lut tout haut :

« Bucarest, ce 4 avril.

» Mon cher ami, les journaux m'avaient appris

déjà votre mariage, et je viens prendre part à votre joie... »

— L'impertinent ! s'écria Hélène.

« Je crains d'arriver en retard, mais ne m'en veuillez pas... »

— Comment donc ! hurla Luc.

« Je ne suis pas l'ouvrier de la première heure... »

— Il n'eût plus manqué que ça !

« J'apporterai cependant ma pierre à l'édifice de votre bonheur... »

— Polisson ! et il a la pierre !

« Je serai samedi chez vous. — Votre tout dévoué : VENCESLAS. »

— Et c'est aujourd'hui samedi ! fit mademoiselle Ombelline très intriguée.

— Il faut défendre notre porte, faire dire que nous sommes en voyage, s'écria Hélène.

— Il se renseignera dans le village ! et saura que nous sommes là.

— Il faut faire dire que nous sommes morts !

— Il voudra aller pleurer sur nos tombeaux. C'est un homme pieux et fidèle à ses souvenirs.

— Eh bien, alors ?

— Ombelline peut, seule, nous sauver, fit résolument Luc.

— Comment cela, monsieur le comte ? demanda la vieille fille.

— Hélène va vous expliquer cela dans un moment, ma chère mademoiselle Ombelline.

Et, tout bas, il ajouta à l'oreille de sa femme :

— Il faut que je la lui présente comme mon épouse.

Hélène entraîna Ombelline dans un bosquet de verdure et Luc suivit anxieusement, à travers les branches encore presque nues, la mimique des deux femmes, dont il ne pouvait entendre les paroles. Il vit d'abord la vieille fille lever les bras au ciel en faisant d'énergiques signes de dénégation, puis se radoucir au portrait sans doute de l'inconnu, puis embrasser tendrement Hélène dans un élan de résignation presque joyeuse. Luc respira, et il eut des actions de grâces dans le regard quand, très simplement, mademoiselle Ombelline dit en le retrouvant :

— Vous permettez que j'aille faire un bout de toilette?

— Sainte fille! s'écria Hélène en la pressant dans ses bras. Je vais t'aider à te faire belle pour le sacrifice.

Et elle suivit Ombelline. Il était temps. Venceslas faisait son entrée. Luc aurait voulu l'étouffer dans l'accolade éperdue qu'ils se donnèrent. Mais le bougre était vigoureux et ce fut lui qui faillit perdre la vie dans cette étreinte.

— Et ta jeune femme ? ô mon frère ! demanda l'impatient étranger.

— Nous y voici ! pensa Luc ; et il répondit tout haut : « Elle va venir dans un instant. »

— Voici le présent de noces que je lui apporte, dit le Bulgare en tirant de sa poche un saphir gros comme une noisette... C'est la pierre !

— Oh ! comme tu as dû souffrir !

Luc se tut à temps ; il tendit la main pour mettre le joyau dans sa poche. Mais Venceslas l'avait déjà rentré dans la sienne.

— Je veux le lui offrir à elle-même, fit-il. Après !

— Après quoi ?

— Mais après que tu me l'auras présentée.

— Justement, la voici.

Au même instant, mademoiselle Ombelline apparaissait dans un costume comme on en voit sur les lithographies des vieilles romances. Venceslas fut juste assez poli pour ne pas faire une grimace. Mais se reprenant vite :

— Mes compliments, fit-il à Luc. Tout à fait charmante. Madame !

Et après s'être incliné respectueusement :

— Je ne me consolerai jamais, continua-t-il, que vos mœurs françaises, dont je me suis enquis avant de venir dans votre pays, ne me permettent pas de réclamer le privilège dont j'ai été si heureux de vous gratifier dans le mien. Mais vous me permettrez, tout au moins, de vous chanter ce soir, et dans la chambre nuptiale, en m'accompagnant sur la guitare, l'épithalame que j'ai composé en chemin pour votre bonheur.

— Ça, c'est un minimum impossible à refuser à un homme qui vous a sauvé la vie ! fit Luc pendant que mademoiselle Ombelline, très désappointée, murmurait : Quel « imbécile ! »

Hélène, qui regardait par une portière entr'ouverte, faillit étouffer de rire en contemplant, deux heures après, la tête de son mari, puis celle d'Ombelline, sur le même oreiller, cependant que Venceslas grattait consciencieusement sa musicale gourde. Le poète bulgare était, comme l'avait annoncé Luc, fort beau. Il passa, je ne sais vous dire comment, une semaine tout à fait agréable et rémunératrice de son premier désappointement. Mademoiselle Ombelline eut, pour sa part, le cabochon de saphir et tout le monde fut très content.

HISTOIRE ANCIENNE

HISTOIRE ANCIENNE

———

Oui, bien ancienne, car elle remonte à des souvenirs de quarante ans et même davantage, puisque j'étais tout petit écolier. Mais vous savez avec quelle intensité les choses se gravent dans la cervelle, et avec quelle netteté, quand celle-ci n'est pas encore rayée, en tous sens, de billevesées et de noms de femmes, comme les glaces des cabinets particuliers. Bien souvent, je pense à mon premier maître, ce fabuleux M. Pacot dont je vous ai certainement déjà dit le nom, haut comme un peuplier, chauve comme un genou, ayant pour dents des battants de cloche, ignorant et pédant, ce qui n'est pas rare, et chez qui mes parents m'envoyaient m'instruire, en compagnie de mon cousin Jules, dans l'école vidée par les vacances, à la cour pleine de moineaux francs s'ébrouant, libres et joyeux, dans le sable tiédi par les soleils chauds encore de septembre : une grande maison campagnarde aux murs nus, avec une grande salle sonore ayant pour tous meubles des bancs et des tables, mais dont les fenêtres donnaient, d'un côté, sur un jardin délicieusement mal tenu où mes yeux se perdaient, dans des gouffres de verdure, pendant que les insipides discours de notre professeur mouraient dans mes oreilles distraites. Et voilà que ce paysage qui me semblait alors d'un intérêt, lui-même, médiocre, se revêt, pour moi, de poésie par l'éloignement que le temps apporte aux choses, comme si le murmure très doux de la Seine, qui parvenait jusque-là, quand le vent soufflait de Soisy-sous-Etioles, se réveillait dans ma mémoire avec un écho de chansons surannées. Que de fois, au temps où je l'allais voir à Champrosay, je la montrai à Alphonse Daudet, à travers les bouquets d'arbustes jaunis, la petite maison du maître d'école ! Et lui-même me racontait alors qu'il avait aussi, en des temps très durs, donné des leçons. Mais comme elles devaient ressembler peu à celles de cette bourrique de Pacot !

Ce jour-là, — particulièrement gravé dans mon esprit, — M. Pacot nous initiait aux beautés de l'histoire romaine. Mon cousin Jules qui, à dix-huit ans déjà, n'en savait pas plus long que moi, tant il était cancre — ce qui l'a conduit d'ailleurs aux plus hautes destinées — et qui professait pour l'héroïque légende de Romulus un mépris particulier, avait argué d'une effroyable migraine pour aller faire un tour dans le jardin, m'abandonnant, seul, aux commentaires de notre maître commun sur la fondation de la République, sujet qui mettait singulièrement en verve ce birbe intempérant dont Brutus était le héros, ce qui m'a pour jamais dégoûté de ce sectaire. Il était donc en train de m'expliquer, avec toutes les réserves de la pudeur professionnelle, comment c'était à la clepsydre d'un citoyen de la ville nommé Collatin et menacé d'être cocu, qu'avait — je ne dirait pas sonné — mais reculé l'heure de la liberté vengeresse. Beaucoup moins âgé que mon jeune parent, j'étais d'une ignorance dont je suis beaucoup revenu et je ne comprenais absolument rien à cette déshonnête légende et à ces adultères propos. Les mots du texte étaient clairs cependant, car ils hantèrent tellement ma perplexité que je me les rappelle encore : — « S'étant enflammé d'une coupable passion pour Lucrèce, la femme d'un homme considéré, le jeune Tarquin osa profiter de l'absence de son mari pour se glisser auprès d'elle... »

Et je pensais innocemment : Pourquoi faire ? quand, jetant un regard furtif sur la croisée, j'aperçus mon cousin Jules en train de se glisser auprès de madame Pacot, sous les traits joviaux de qui je me figurai immédiatement madame Lucrèce.

Le texte poursuivait, pendant ce temps-là :
« — Ayant tenu à cette vertueuse personne des propos indécents qu'elle avait repoussés avec horreur... »

Allons ! mon cousin Jules était mieux avisé, car madame Pacot écoutait sans aucune horreur manifeste ce qu'il lui débitait.

... « Le misérable tomba à ses genoux. »

Quelle coïncidence ! Jules en faisait précisément autant avec madame Pacot. Oui, mais Collatin était absent quand le jeune Tarquin avait hasardé cette pantomime... Bah ! la chaire où M. Pacot enseigne est tournée de telle façon qu'il ne peut pas voir par la croisée, et ça revient au même absolument.

... « Et lui déclara sa flamme, en l'accompagnant de menaces terribles... »

Pas si terribles que ça, monsieur Pacot ! car mon cousin Jules continue à se comporter comme un simple Tarquin avec votre épouse, qui ne paraît nullement épouvantée du châtiment dont il menace ses rigueurs.

... « Alors, hors d'elle-même, l'épouse outragée tenta de s'enfuir... »

Elle fit mieux que cela, monsieur Pacot! Elle vient de s'enfuir, en effet, en entraînant mon cousin Jules vers un bosquet de chèvrefeuilles, perdu dans le méandre des allées, et dont je devine seul la place, impénétrable aux regards.

Le ciel, qui avait été gris jusque-là, s'illumina comme pour une fête; un souffle caressant fit monter jusqu'à nous la chanson du fleuve; un vol d'oiseaux se poursuivant par les branches jaunies mit, dans l'air, comme une impression de printemps, oh! bien rapide et bien fugitive! Aux rosiers de Bengale, quelques fleurs, encore ouvertes, eurent comme un tressaillement parfumé, et les vignes vierges déjà rougies qui tapissaient la maison eurent comme un frisson joyeux de pourpre vivante. Et je ne sais quel émoi divinateur s'empara si fort de mon être inconscient et troublé, que mon livre me tomba des mains.

Et M. Pacot continuait toujours.

Après avoir flétri comme il convenait le jeune polisson qui voulait déshonorer Collatin (que mon cousin Jules n'était-il là pour l'entendre!), il insista sur les bienfaits de la civilisation moderne et sur les progrès de l'esprit nouveau, lesquels ne souffrent pas que d'aussi scandaleuses aventures se reproduisent dans une société régénérée par la Révolution ; il montra, fort éloquemment, autant qu'il m'en souvient, le grand souffle de Quatre-vingt-neuf jetant à terre les cornes séculaires de Ménélas et de Chilpéric ; il prophétisa — à quarante ans de distance, je le répète — les mœurs douces et tolérantes, vertueuses et philanthropiques dont nous jouissons aujourd'hui ; que, grâce à la République reconquise, l'honnêteté fleurit en France et toutes les querelles de race y sont oubliées dans une façon d'âge d'or, tout le monde étant satisfait de sa destinée, heureux et sans envie. Après ce regard clairvoyant sur l'avenir, il continua par le menu l'histoire commencée, me décrivant, tour à tour, dans un langage stupide, mais imagé, le retour de Collatin, la confession et la mort de sa femme, la généreuse fureur de Brutus que ça ne regardait en rien, et le grand peuple qui devait conquérir le monde fondant, sur le déshonneur d'un de ses fils, le glorieux édifice de son indépendance, ce qui prouve que les crimes ont du bon et que le tout est d'en savoir tirer parti.

J'étais vraiment fort ému par cette tragique allure que prenaient les choses.

Alors, si les coïncidences se poursuivaient avec cette fidélité, madame Pacot, comme Lucrèce, allait venir se confesser tout à l'heure à son mari ; un quidam exciterait celui-ci et ameuterait le village d'Évry tout entier contre mon cousin Jules-Tarquin, et, de fil en aiguille, le bon roi Louis-Philippe, alors régnant — serait flchu à bas du trône et à la porte du pays, quelques années plus tôt !

Et je voyais déjà un Quarante-Huit anticipé balayer à la face du monde l'œuvre corrompue des Guizot et des Thiers, à qui nos hommes d'État contemporains, intègres et loyaux, ressemblent si peu !

Mais ici se rompit le fil des ressemblances entre le passé héroïque et le présent qui n'en est que la caricature, et le retour de mon cousin Jules, un peu rouge, doucement poussif, mais hypocritement serein, me rassura sur les effets plus débonnaires qu'ont les mêmes causes aujourd'hui. M. Pacot, avec une paternelle sollicitude, lui demanda des nouvelles de sa migraine.

— Je me trouve mieux, répondit Jules. L'exercice m'a fait du bien.

— Eh bien ! mon garçon, maintenant que vous connaissez le remède...

— Je ne manquerai pas d'y recourir, monsieur Pacot.

Et c'est ainsi que je pris ma première leçon de choses, longtemps avant que le mot fût inventé, dans le paysage exquis où si souvent, des belles avenues de Champrosay, j'écoutai le murmure toujours pareil de la Seine et je regardai la vieille maison du maître d'école, à travers les arbres jaunis.

EN WAGON

EN WAGON

Souvent me remémorai-je les années voyageuses que je passai dans l'Inspection générale des Finances, parcourant les départements, pendant sept mois de l'année, terreur vivante des comptables véreux. Bien que je m'imagine mal, aujourd'hui, dans ces fonctions austères de justicier, j'ai conscience de les avoir loyalement remplies et, de cette vie nomade, troublée çà et là de quelque tragédie, je me rappelle encore, avec douceur, les beaux paysages de France parcourus pendant les beaux jours, quelques rencontres aimables dans les hôtels, et surtout la bonne camaraderie qui nous faisait rapides et souvent joyeuses ces heures d'exil, à mes collègues et à moi. Les plus anciens dans la carrière étaient riches en récits curieux, en souvenirs professionnels. Des aventures ainsi contées pendant que le train nous emportait, il en est une que je ne puis oublier et dont l'authenticité parfaite augmente l'intensité dramatique. Nous traversions une petite ville du Périgord dont le nom est d'ailleurs indifférent, quand mon compagnon me dit tout à coup :

— Voici un endroit où mon arrivée causa, il y a quelques années, de bien étranges événements.

— Tristes ou gais ? lui demandai-je.

— L'un ou l'autre, suivant l'esprit de celui qui les écoute.

— A la bonne heure ! Car il n'y a que les imbéciles qui ne se sont pas aperçus que Janus, ce dieu au double visage, est le souverain maître de la vie, nous montrant qu'il est peu de choses risibles dont il n'y ait lieu de pleurer, et peu de choses lamentables qui ne prêtent à rire. Force est à la grimace humaine d'en passer par là. Je ne crois pas à la sincérité de ceux qui gardent le même masque douloureux ou hilare. C'est cependant les seuls à qui la foule croit. O toi qui rêves quelque pouvoir sur elle, commence par te faire une tête immuable. Sois fonctionnellement élégiaque ou comique. A ce prix seulement, tu seras quelqu'un.

— Donc, poursuivit mon interlocuteur, le percepteur de ces lieux s'appelait, en ce temps-là, M. Bergace, et, depuis dix ans déjà, avait le monopole des papiers verts, jaunes et rouges dont ces messieurs ont coutume de réjouir les regards des contribuables. Il avait succédé à son père par une faveur administrative et était certainement un des hommes les plus considérés du pays. Je revois encore sa maison, derrière ce bouquet d'arbres qui s'enfuit ; une jolie maison bourgeoise où tout respirait la sécurité, blanche avec des persiennes vertes et un toit de briques ; une cour devant, avec un grand chien très méchant la nuit et très doux le jour ; derrière, un long jardin tout emmuré de treilles, avec un berceau où les glycines tombaient en cascades odorantes ; puis, après, un parterre où les roses estivales mettaient comme un souvenir d'Anacréon, ce chantre des roses, autant que de l'amour et du vin. Rien de plus calme et de plus paisible que l'ensemble de cette demeure et de ces jardins utiles ou charmants. On enviait presque, en y pénétrant, l'existence tranquille de ses hôtes ; et, de fait, M. Bergace passait pour un homme absolument heureux. Il avait une femme jeune et honorée, un bel enfant, et beaucoup d'amis. Pure formalité que la vérification de la caisse d'un homme aussi bien noté de ses chefs hiérarchiques. Bien entendu, un collègue l'avait, toutefois, immédiatement averti, dès la veille, de mon arrivée prochaine. Ce sont petits services que les comptables se rendent toujours entre eux. Or, la nouvelle aussitôt reçue, M. Bergace était monté dans la chambre de sa femme et, sans lui parler du message, l'avait invitée à lui remplir immédiatement sa valise. Il fallait qu'il s'absentât jusqu'au lendemain soir. Une affaire urgente le mandait à la trésorerie générale. Il ne pourrait pas être de retour avant quarante-huit heures certainement.

Madame Bergace obéit sans trop se lamenter de ce brusque départ, et, quelques instants après, elle accompagnait son mari jusqu'à la porte, où s'échangeait la monnaie conjugale du baiser légitime. Puis elle rentrait et écrivait, elle-même, un mot à la hâte, sur le bord de son secrétaire un mot vite emporté à son adresse.

— Quoi? Madame avait un amant? interrompis-je.

— Certes, un gentilhomme des environs, un sieur des Pannetières, inintelligent mais robuste, clerc médiocre mais de complexion vaillante. Il est des cas où la science tout entière de Pic de la Mirandole ne vaut pas l'ignorance d'un butor bien portant. C'était au moins l'opinion de madame Bergace, qui l'avait de beaucoup préféré à un jeune notaire poète. Fiez vous aux femmes frêles et d'apparences délicates pour ce genre de choix. Celle-ci ne se recommandait pas par les charmes callipyges dont se contentent les rustauds en amour...

— Pardon, cher camarade...

— C'est vrai, j'oubliais ! Mais, enfin, vous permettez que deux yeux profonds, attirants et sournois, une bouche au sourire mystérieux comme celui de la Joconde, des gestes félins où se devine la griffe dans le velours, un parfum d'hypocrisie et de fausse pudeur aient aussi leur prix pour de plus raffinés que vous dans les choses passionnelles. Tel n'était pas le cas du sieur des Pannetières, mais enfin très sagement il s'en contentait. C'est d'ailleurs elle qui l'avait choisi, et il n'avait eu qu'à se laisser aimer, ce qui n'est jamais difficile quand on a une belle santé. Aussitôt le mot mystérieux reçu, notre larron d'honneur était arrivé, et c'est sur leur adultère félicité que s'étaient refermés, le soir même, les rideaux du propre lit de M. le Percepteur. Oh ! la bonne joie qu'en auraient ressentie, à savoir celui-ci si noblement cocu, les pauvres contribuables sur qui un éternel automne faisait pleuvoir, en toute saison, les feuilles jaunes, rouges et bleues !

Tout à coup, nos amoureux entendirent, à l'étage au-dessous, dans le bureau du percepteur qui donnait sur le jardin, le bruit d'un carreau qui volait en éclats.

Une sueur froide leur monta, à tous deux, à la poitrine, puis au front. Ils se levèrent, l'un et l'autre, sur leur séant pour mieux écouter. Des pas résonnaient dans la pièce, dont la fenêtre avait été violée, des pas précipités et inégaux. Un moment de silence, puis le bruit du fer s'écorchant au fer, un raclement métallique, le grondement d'une pesée, le grincement d'un cadenas qu'on torture, le sifflement d'une lime, le choc d'un marteau sur la tête de bois d'un ciseau à froid. Plus de doute, on forçait la caisse.

M. des Pannetières était un imbécile, mais pas un lâche. L'idée de laisser dépouiller, surtout des deniers de l'Etat, un homme qu'il n'hésitait pas à tromper en catimini était au-dessus de sa prudence. En vain madame Bergace se cramponna à lui, l'adjurant de ne la pas compromettre par une inutile chevalerie, et de bien plutôt laisser emporter l'argent confié à son époux par l'imprudence des contribuables. Le gentilhomme, indigné, dénoua nerveusement les bras dont elle l'entourait, et, en chemise, pieds nus, comme un brave, bousculant tout sur son passage, se rua dans l'escalier et enfonça, d'un vigoureux coup d'épaule, la porte fermée en dedans, au verrou, du cabinet du comptable. Il avait bien deviné!

Un homme était là, un homme déguenillé, une ignoble casquette rabattue sur le front, et qui s'acharnait à la lourde boîte de fer. Mais notre des Pannetières, qui avait décroché un fusil de chasse à la panoplie du percepteur, et qui ne manquait pas un lapin à vingt-cinq mètres, secondé d'ailleurs par un admirable clair de lune, mit en joue notre filou, pendant que celui-ci, rapidement sauté par la fenêtre, tentait d'escalader le mur du jardin. Pan! Pan! Le fuyard avait chancelé au premier coup, et était tombé lourdement sur le ventre au second. Avait-il emporté quelque chose? Etait-il mort? Etait-il blessé? Madame Bergace accourait, éperdue, avec une lanterne. Des Pannetières s'approcha du corps et, pinçant solidement la blouse sous l'aisselle, retourna d'un brusque mouvement et coucha sur le dos sa victime. Un coup de vent souffla la lumière, mais, en même temps, la lune émergeait, radieuse, et étendait sur le sable sanglant une nappe de clarté. D'un soufflet, des Pannetières souleva la casquette et tous les deux poussèrent un cri.

L'homme était mort et c'était M. Bergace.

Oui, M. Bergace, qui, ayant perdu la forte somme dans un tripot du chef-lieu, avait tenté de se voler lui-même pour expliquer le déficit de sa caisse, quand j'arriverais le lendemain.

— Mais l'aventure dut faire grand bruit?
— Aucun. Le vaillant des Pannotières paya, et les charmes de madame Bergaëo désarmèrent la justice, sans qu'elle eût besoin de recourir au procédé héroïque de Phryné.

LE « UN »

LE « UN »

A Courteline.

Vous devez penser si cet abominable procès des Morticoles me fait horreur et m'induit en considérations mélancoliques sur mes contemporains. Le médecin n'appartient plus à Molière, mais à Shakespeare. Il ne s'appelle plus Purgon, mais Schylock. Autre temps, autres mœurs. Mais, sapristi ! nous n'y avons pas gagné. C'est le contraire de ce qui s'est produit dans la stratégie. Ces messieurs ont abandonné l'artillerie pour l'arme blanche. Les canons dont ils se servaient ne faisaient que lénifier les entrailles. Leurs bistouris taillent en pleine chair. Pouah !

Une seule chose m'a causé un bon moment et même inspiré de souriantes pensées dans cet amas d'abominations. C'est la découverte de cette société des *Un*, pour laquelle je ne saurais partager le mépris inquiet de M. le président. Ses fondateurs sont des gens de génie : rien de plus, mais rien de moins. Un seul de chaque profession, dans cette inestimable compagnie ! Inutile de dire que celui-là doit se croire le plus fort de sa profession, puisque ses co-sociétaires lui ont fait l honneur de le choisir. C'est donc, au sentiment du moins de tous ceux qui la composent, un bouquet des plus belles fleurs de chaque carrière ; une sélection de ce que chaque état produit de plus glorieux, le pur gratin de tous les métiers. Que des gens, qui pensent modestement cela d'eux-mêmes, doivent être heureux ! Et puis pas de rivalités possibles entre gens ne se faisant pas concurrence dans la vie. En réalité, ce que les peintres se fichent des sculpteurs, les sculpteurs des musiciens, les musiciens des avocats, les avocats des ingénieurs, il faut avoir fait partie de quelqu'une de ces réunions dînatoires périodiques pour s'en douter seulement. Rarement le but en est parfaitement artistique, philanthropique et désintéressé. Ce sont de bonnes petites sociétés de poussage pour les malins et un passe-temps pour les désœuvrés. Il est toujours convenu qu'on y représente une élite dans chaque groupe, ce qui est toujours flatteur. Mais, jusqu'Ici, on était un des quatre, un des trois, un des deux élus! Dans celle-ci, on est le *un* ! On n'est plus un peintre, mais Le Peintre, un poète, mais Le Poète, un médecin, mais Le Médecin. Vous savez, c'est tout de même autre chose. On synthétise une profession dans ce qu'elle a de plus éclatant.

Et cela m'a inspiré l'idée d'une nouvelle Académie fondée sur les mêmes bases : une Académie qui n'aurait qu'un membre : tout naturellement, moi. Je suis encore plus sélectif que Goncourt lui-même.

Et, depuis ce moment, cette idée me trotte — d'autant qu'elle trotte seule, une entorse me retenant dans mon lit — et je me préoccupe de sa réalisation pratique dont les difficultés s'éclaircissent peu à peu, devant un examen approfondi, comme les brouillards du matin fondent au soleil. C'est simple, très simple, extrêmement simple, sans sortir des traditions académiques pour lesquelles je me sens plein de respect. Car je ne suis pas un insurgé comme Bergerat, moi !

D'abord, il n'existe aucune loi qui me défende de me proclamer mon propre académicien.

Je suis donc, avant tout, comme tout citoyen scrupuleux, en règle avec le Code.

Rien ne m'interdit, non plus, de me faire une visite — vous ne voudriez pas en exiger quarante de moi ! — Ma glace est là où je me reçois ; froidement mais sans morgue, de façon à me reconnaître et à ne pas m'appeler : Monsieur le duc. Nous parlons assez légèrement de mon œuvre. Ce qui est rare, en cette occurrence, mon interlocuteur le connaît presque aussi bien que moi. Il ne me promet pas carrément sa voix, mais il me la laisse espérer. Voilà déjà une bonne besogne faite.

O joie pure qui ne me trouve pas sans inquiétude et sans impatience ! Je me nomme au premier tour de scrutin, sans plus de ballottage que sous la robe de la poupée à Jeanneton.

Mais je ne suis pas au bout de ma peine.

Quand me recevrai-je, maintenant ?

Je suis superstitieux, et chacune des dates que je me fixe tout d'abord, au caprice du calendrier, me rappelle quelque souvenir fâcheux. Ce que c'est que d'avoir déjà beaucoup vécu. A celle-ci, j'ai eu une indigestion dans une famille où je tenais à plaire ; à celle-là, j'ai dû échanger mes idées avec Mariéton. O marché de dupes ! A cette autre, j'ai perdu un chien que j'aimais beaucoup. A cette autre encore, j'ai été miraculeusement trompé par une jeunesse en qui je croyais. Tout cela recule ma réception. Puis le temps d'apprendre à mon perroquet à parler plus encore comme M. Pingard. Je finis cependant par dérou-

vrir un jour dans l'année où je n'avais commis
aucune maladresse, perdu aucune bête aimée,
rencontré aucun fâcheux ni été traité en Ménélas.

C'est là que je m'attendais! Et les deux discours maintenant! Car j'ai à faire les deux discours, moi, à me blaguer, en ayant l'air de me louer, et à pleurer un défunt imaginaire, dont la mort me ravit puisque je le remplace. Je vous fais grâce des soucis que m'a donnés le choix d'un habit. Toujours traditionnel : un Académicien sans habit n'est pas un Académicien. C'est même quelquefois rien du tout. Pas d'habit vert comme chez Richelieu. Pas de vareuse rouge comme chez Goncourt. Je n'aime pas le billard et le homard me fait mal. Je me fais, avec les premières fleurs de mon jardin, une tenue, décente d'abord — il n'y a pas encore de feuilles de vigne, mais il y a déjà des feuilles de chou — ça me drape mieux d'ailleurs, mais aussi seyante à ma grâce naturelle un peu dodue. J'ai fait venir des violettes de Toulouse pour en couvrir mon chapeau, et je porte au côté, comme épée, la tige d'un grand lys, que Sarah tenait à la main dans la *Princesse lointaine*. Ça me portera bonheur.

Oh! cette séance! un silence! On aurait entendu voler un huissier. Je suis très ému, j'en conviens. Il me semble innombrable comme auditoire, bien que n'ayant délivré de cartes d'entrée qu'à de très rares amis, — je dirais même à un très rare ami : Moi. Est-ce que mon perroquet Pingard se serait laissé graisser la patte? J'ai cependant recommandé expressément qu'on ne lui donnât jamais d'os de côtelette.

Je dompte cependant ma timidité originelle et je commence :

« Je n'ignore pas, mon cher moi-même, le prix de l'honneur que vous me faites en me recevant dans votre sein, bien que, Dieu merci ! celui-ci ait été souvent occupé auparavant par des personnes beaucoup plus jolies que moi. Puisqu'elles m'y ont précédé, je dois à l'une d'elles la politesse d'un regret et je vous demande la permission de choisir pour l'exhaler Dorothée Lamouzine, qui fut, certainement celle qui le remplit le mieux, de la rondeur voluptueuse de ses formes, à l'en faire claquer, quand elle voulait s'y emprisonner tout entière. Certes, Dorothée Lamouzine ne fut pas précisément un bas-bleu. Mais je ne serai que juste en proclamant qu'elle aimait les lettres... surtout les lettres des autres, quand elles contenaient des valeurs. Car, je me plais à vous rappeler qu'elle vous en déroba ainsi deux ou trois, ce qui ne vous empêchait pas de l'aimer beaucoup. C'est donc après l'avoir louée comme elle le mérite que, bien timidement, je m'assois dans un fauteuil que je remplirai bien mal si, comme je suis porté à le croire, vous l'aviez fait faire à sa mesure ! »

Un murmure sympathique mais unanime est entendu de moi seul.

Et tout de suite, je me réponds :

« L'honneur qui vous est fait, mon cher moi-même, n'est pas au-dessus de votre mérite, bien que rien, dans vos œuvres, du moins, ne le justifie, au premier abord... ni d'ailleurs ensuite. Vous n'avez pas beaucoup plus écrit que Voltaire et vous avez été presque aussi licencieux dans certains de vos ouvrages. Vous auriez mieux fait de faire des vers, n'eussent-il dû être lus que de Catulle, que de vous dépenser à faire rire un tas de désœuvrés qui ne vous en savent aucun gré. Je vous ouvre mon sein tout de même. C'est le *refugium peccatorum*. Après tout, vous n'avez été que fort peu vaudevilliste, ce qui est bien quelque chose. Je n'ose pas vous dire : « Allez en paix ! » tant les mauvais plaisants nous guettent. J'aime mieux vous souhaiter une bienvenue sans enthousiasme. Rappelez-vous cependant désormais qu'une Académie est un salon ! »

— Ouf ! ça y est. Je n'ai plus qu'à commander mes cartes et à donner des prix aux ouvrages les plus ennuyeux.

Oh ! Être des quarante, des dix, Courteline ! c'est déjà beau. Mais être des *Un !* Tenez, dès à présent je vous prends pour successeur, à la condition que vous continuerez mon grand ouvrage : *De l'Art de se soustraire à l'Empire des mots*, lequel vaut bien un dictionnaire !

GAIETÉS FORAINES

GAIETÉS FORAINES

Le gouvernement qui prétendrait m'empêcher d'aller à la foire au pain d'épice et à la fête de Neuilly pourrait s'attendre, de ma part, à une agitation anarchique bien caractérisée. Dieu sait que je suis pourtant de débonnaire nature et peu enclin, par tempérament, aux manifestations dans la rue.

Une seule fois, sous l'Empire, je me laissai entraîner par un ami dans une bagarre pour y crier sans aucune conviction d'ailleurs et par pure complaisance, je ne sais plus quelle saugrenuité libérale qu'il m'avait enseignée. Ah! mes enfants ! A peine eus-je lâché cette sottise démocratique, qu'un sergent de ville — le grand diable que c'était avec son pantalon blanc ! — m'aplatit formidablement contre un mur, d'où il me sembla qu'on me détachait ensuite péniblement, avec précaution, comme une pomme cuite qui a trop grillé sur le four et s'étale dans son gratin. Je me le tins pour dit. Mon ami, lui, n'avait attrapé aucun horion, mais sa fortune politique était déjà en chemin. Peut-être aussi n'avait-il pas crié la même billevisée républicaine que moi. Toujours est-il qu'il est député aujourd'hui, et même remarqué, parmi ses confrères, pour un de ceux qui se moquent de leurs électeurs.

Moi, je suis Gros-Jean comme devant, tout aussi Jean mais un peu plus gros, parce que j'ai pris de l'âge. Je viens de vous retracer, en quelques mots, toute ma carrière d'insurgé et de défenseur des libertés publiques. Vous voyez que je n'ai aucun droit à dire, dans la conversation : « Blanqui et moi » et que je suis une façon de Barbès, dont les ministères n'ont rien à craindre. Il ne faut pas cependant me pousser à bout, et le cabinet qui tenterait de me faire lire la *Revue des Deux Mondes* et de m'interdire l'accès de la Place du Trône et de l'Avenue de Neuilly, quand les saltimbanques y sont venus, pourrait s'attendre, de ma part, à une foule de procédés dynamiteux. J'accuserai sournoisement ses membres d'avoir fait partie de syndicats, et je lui ferais toutes les avanies imaginables, jusqu'à ce qu'il tombât sous le juste mépris de mes concitoyens.

C'est que le retour, avec les beaux jours, de ces solennités en plein vent, est pour moi comme le réveil des souvenirs les plus pittoresques de mon enfance. Il m'apporte, dans un rayon de soleil bercé par un bruit de cymbales, comme une envolée de vieilles joies subitement rajeunies, délicieusement surannées, menteuses et charmantes, comme ces premières tiédeurs de l'air, qui finissent en un frisson ou sous la fraîcheur d'une ondée. Tout un monde évanoui de désirs fous, de joies impatientes, de curiosités insensées y flotte, pareil à ces paysages que domine, dans les fugitives rougeurs du couchant, le caprice des nuées. Comme les abeilles du pasteur Austée, je vole à cette musique de cuivre, et des mugissements de métal bercent dans l'air mon rêve ailé.

Je revois, sous la quadruple avenue des tilleuls qui en faisait la plus belle place de Corbeil, cette fête annuelle de la Saint-Spire, laquelle marqua pour moi, pendant dix ans au moins, une date autrement intéressante que les plus glorieuses de l'histoire. Tous mes vieux amis sont là : le borgne qui dirigeait le tir à l'arbalète ; le marchand de pain d'épice d'Essonnes, renommé pour ses petits cochons bien moins recommandables à leur forme, qu'à la façon malpropre dont chacun avait le nez engagé, sous la queue en tirebouchon de celui qu'il suivait; la grande bringue aux yeux vicieux qui tenait un jeu de macarons, où le hasard était figuré par un petit bateau à vapeur, clapotant dans de l'eau véritable; l'homme aux chevaux de bois peints en rouge clair, et portant un petit balai en crinière ; le jocrisse coiffé de roux à qui son maître ne parlait que du pied dans les chausses... tout ce personnel fidèle qui m'apparaissait alors comme la crème de la société.

Et le cirque donc! le cirque Loyal qui, fièrement, dressait sa tente, en face des anciens moulins de M. Darblay !

Celui qui m'eût dit, à cette époque, que les Montmorency s'estimaient d'aussi grande noblesse que l'incomparable famille dont je viens de prononcer le nom, ne l'aurait pas répété deux fois. J'aurais demandé d'abord à voir les Montmorency en maillot. J'avais douze ans ou treize, et si je vous contais que ma première aventure d'amour date de ce temps et de cet anniversaire, vous admireriez certainement la logique inflexible de mes sentiments. Oh! bien innocente l'aventure, d'autant que j'en étais le seul acteur, celle pour qui je brûlais alors d'une tant pure flamme n'en ayant eu le secret qu'une trentaine d'années plus tard. On peut dire que j'ai mis du temps à me déclarer. C'est dans une chronique comme celle-ci que je fis au public ma confidence, en lui contant comment j'avais fui la maison paternelle, pour suivre jusqu'à Fontainebleau la théorie de roulottes qui emportait la famille, à laquelle j'avais rêvé d'être uni.

Je poussai l'indiscrétion jusqu'à révéler le nom de celle qui, sans le savoir, la pauvre! m'avait valu au retour une légitime raclée paternelle et les plus sinistres prédictions sur mon avenir. Je ne comprenais pas. Je me demandais quelle plus noble alliance pouvait rêver un fils de président que celle de la famille Loyal. Oui, je divulguai ce joli nom d'Olive que portait celle qui avait emporté mon cœur, au grand galop de son cheval, à travers les cerceaux de papier qu'elle traversait, avec une grâce infinie. Je vous assure que, tout en semblant faire quelque chose d'analogue, les banquiers, notaires et caissiers qui font des trous à la lune sont infiniment moins gracieux.

Mon peu de réserve devait me valoir la plus aimable des surprises.

Il y a trois ans, mademoiselle Olive, devenue madame Rancy — une autre souche célèbre dans le monde des chevaux savants et des cirques — ayant lu mon article; en une lettre charmante et de très spirituelle ironie, ma foi, m'invita au mariage d'un de ses fils avec une des filles de Bidel.

Ce fut un grand regret pour moi que je ne sais plus quel méchant hasard m'ait privé de profiter de cette invitation cordialement faite et non moins cordialement acceptée. Ce dénouement de mon premier roman — à moi tout seul — ne manquait ni de singularité, ni de mélancolie. Aurais-je reconnu celle dont la chevelure noire, dénouée par le vent de la course, dont la grâce adolescente robuste, dont le sourire presque d'enfant encore, m'avaient entraîné dans un si beau rêve, sur cette route poudreuse où je marchais devant les voitures, honteux comme un petit mendiant? C'était bien le début de mes amours timides, souvent renfermées en moi-même, qui m'avaient permis plus tard de prendre pour épigraphe le vers célèbre du *sonnet* d'Arvers :

Et celle qui l'a fait, n'en a jamais rien su !

Moi, je crois que les amoureux les plus fervents sont ceux que dompte ainsi, jusqu'au plus absurde des silences et au plus illogique des renoncements, la terreur de ce qu'ils aiment...

Mais que me voilà loin de mes amis qui étaient hier à la barrière du Trône et qui seront demain à la fête de Neuilly! Peut-être cette confession rendra-t-elle moins ridicule mon goût pour leurs travaux et pour leur compagnie. Qui donc

n'aime à se rappeler ce que lui fut une première
illusion, un premier rêve, une première tendresse ! D'autant qu'il m'est resté au cœur un
peu de cette fantaisie errante, de ce sang bohème
qui coule mieux à l'aise sur les grands chemins,
que la poursuite de la première adorée avait sans
doute mis en moi, comme une sève nouvelle
greffée à mon originelle et sédentaire souche.
Si je vous disais que je ne puis encore voir passer
sur la route une de ces maisons roulantes de
forains, dont les petites fenêtres vertes ont souvent des oiseaux et des fleurs, où quelque minois
de fillette brune, debout, apparaît dans la pé-
nombre d'une porte, sans qu'un vague désir de
la suivre ne me prenne aux jambes, sans qu'un
mensonge de bonheur vagabond m'éblouisse un
instant l'esprit. Et je me crois encore entre Corbeil et Fontainebleau, prisonnier ambulant de
mon premier songe.

Bon courage, les amis! faites mugir les trom-
bones, tonner les grosses caisses, éternuer les cymbales, glapir les petites flûtes aux oreilles émer-
veillées des badauds et secouez la poudre de faux
or des boniments aux yeux de la foule crédule.
Un cœur mélancolique de poète bat au rythme
de vos vacarmes et au bercement de ses propres
souvenirs. Une image de femme, jadis aimée en
une idylle lointaine, traverse pour lui ce

brouhaha. Et je vous sais gré, vous les professionnels de la banque, comme on dit, de porter fièrement vos oripeaux d'amuseurs publics, quand je pense aux saltimbanques, enfouis dans des redingotes chattemiteuses, déguisés en gens du monde, qui nous dupent dans la vie et nous grugent si poliment, gens d'affaires, politiciens intéressés, tout ce monde qui ne vaut pas le vôtre, certainement !

FIN

TABLE DES MATIÈRES

Pépé	1
Conte pyrénéen	9
L'accident	19
Hyménée	29
Le pantalon volant	41
Le « Pater Noster »	51
La bonne leçon	61
Cucurbitacée	71
Présence d'esprit	81
La sabretache	91
Les revenants	101
La frousse	111
e facteur	121
Eustache	133
Les deux conteurs	143
L'incorrigible	153
Écho de Noël	163

Jack 173
Projets en l'air 183
Écho des rois 193
L'hôte fâcheux 203
Histoire ancienne 213
En wagon 223
Le « Un » 233
Gaietés foraines 245

Original en couleur
NF Z 43-120-8

www.ingramcontent.com/pod-product-compliance
Lightning Source LLC
Chambersburg PA
CBHW062019180426
43200CB00029B/2009